Sabbattour

AF285590

Simone Spengler

Harry Merz

Sabbattour

Eine Runde Auszeit

Bibliografische Information der Deutschen Nationalbibliothek
Die Deutsche Nationalbibliothek verzeichnet diese Publikation in der
Deutschen Nationalbibliografie; detaillierte bibliografische Daten sind
im Internet über http://dnb.d-nb.de abrufbar

Text und Bilder: Simone Spengler, Harry Merz
Copyright © 2010 Simone Spengler
Herstellung und Verlag: Books on Demand GmbH, Norderstedt
ISBN 978-3-8423-2834-1

Prolog

Mit einem geliehenen Fahrrad begann es. „Verreisen", erklärte Harry stets, „brauche ich nicht. Zuhause in Seedorf ist es am Schönsten." Aha. Das sah ich grundsätzlich anders. Doch all meine Reiseideen prallten an ihm ab. Bis ich vorschlug, mit dem Fahrrad an der Donau entlang zu radeln. Ich wartete auf Harrys berühmten Satz. Er kam nicht. Oha, was war jetzt los? Harry wog bedächtig den Kopf hin und her. „Hört sich nicht schlecht an. Aber es gibt ein Problem. Du hast kein Fahrrad." Richtig. Aber seine Schwester hatte eins und lieh es mir aus.

Der Radtour nach Wien folgten weitere Urlaubstouren, irgendwann trauten wir uns auch über die Alpen zu radeln. Herrliche Erlebnisse. Wir hatten beide Feuer gefangen. Nur schade, dass wir gemeinsam immer nur zwei Wochen Zeit hatten. Ich als Lehrerin hatte zwar längere Ferien im Sommer, Harry als Bauleiter war aber eben in dieser Jahreszeit beruflich besonders gefordert. Mehr als zwei Wochen sprangen nicht raus für uns beide.

„Lehrer können ein Sabbatjahr machen", erwähnte ich eines Tages beiläufig. Harry horchte auf. „Sabbatjahr, was ist das?" „Das ist ein Freistellungsjahr. Man spart das an, indem man beispielsweise drei Jahre arbeitet zu drei Viertel des Gehalts. Das vierte Jahr ist somit vorgeleistet, ein arbeitsfreies Jahr."

Unsere Tochter war damals 14 Jahre alt, die Idee war geboren. In sechs Jahren, wenn sie erwachsen ist, sollte es ein Sabbatjahr geben.

Harry kündigte seinen Arbeitsplatz.

Die Pumpe pfiff in den höchsten Tönen, ich bemühte all meine Kräfte, vergebens. Die luftleere Gummihülle blieb platt. Ich kam nicht vom Platz und hatte das Spiel verloren.

Meine Kolleginnen und Kollegen amüsierten sich köstlich. Welch herzlicher Abschied! Nicht nur mit Liedern und Gedichten wurde ich verwöhnt, auch meine Tauglichkeit für die lange Reise mit Fahrrad und Zelt sollte ich unter Beweis stellen. Im Rundumblick erfasste ich die belustigten Mienen: „In die Pedale treten kann sie, aber alles andere muss sie noch lernen. Nun gut, Zeit dazu hat sie ja." Genau! Zeit hatten wir. Wir nahmen sie uns einfach. Von Anfang an. Gleich zwei Stunden für die ersten zwei Kilometer.

10. August: Zwei Stunden für ein paar Meter

Wenn wir in dem Tempo weiter radeln, kommen wir auch in einem ganzen Jahr nicht weit über Deutschlands Grenzen. Wenn der Grund dafür aber immer so herzlich ist, nehmen wir das vielleicht sogar in Kauf.

Los ging's schon direkt vor der Haustür, mit einem Schild, welches unser beider Konterfei zeigte und den Weg Richtung Turnhalle wies. Auch dort: Perfekte Beschilderung! Alle hundert Meter wurde dafür gesorgt, dass wir uns auf dem Weg Richtung Bösingen nicht gleich verirrten. Dazu liebe Texte und Fotos, damit wir auch wussten, dass diese Wegweiser uns beiden galten. Natürlich musste ich bei jedem Schild stoppen und auch manchmal ein Tränchen wegtupfen.

Ein Stück hinter der Ortsgrenze entdeckten wir meine liebe Schwester Tine und Colin, Fähnchen schwenkend und winkend, da gesellten sich zu dem einen klitzekleinen Tränchen gleich noch einige weitere dazu. Und ein paar Meter weiter wartete eine ganze Horde lieber Menschen auf uns, bewaffnet mit Sekt, Brezeln und Wasser, so dass uns gar nichts anderes übrig blieb, als diesen Wegelagerern fast zwei Stunden unserer Sabbatzeit als Wegezoll zu überlassen.

Auf dem weiteren Weg gelang es uns zwar, die Reisegeschwindigkeit um ein Vielfaches zu steigern, doch merkten wir die 70 Kilo Rad- und Gepäckgewicht doch erheblich! Das hieß Fahrradfahren mit dem Gefühl, einen schwankenden Ozeandampfer zu bewegen und zu lenken. Dieser Eindruck verstärkte sich enorm bei der Fahrt auf die Witthoh, im allerkleinsten Gang und mit etlichen Schweißtropfen auf der Stirn. In Konstanz angekommen, genossen wir umso mehr den Abend bei Sarah und Sebi.

Hier wartete allerdings auch das vielleicht schwierigste Kapitel unserer Sabbattour auf uns. Wie verabschiedet man sich für ein ganzes Jahr von einer gerade mal erwachsen gewordenen, geliebten Tochter? Wir stützten uns mit der gegenseitigen Versicherung, regelmäßigen Kontakt per SMS oder E-Mail zu halten. Mein kleiner MDA namens Hughito macht's möglich.

11. August
Liebe Ma und Pa,
Ich renne durchs ganze Haus und hoffe, etwas zu finden, das ihr vergessen habt, so dass ihr noch mal zurückkommen müsst. Aber da ist nichts. Euch davonfahren zu sehen war sehr arg ergreifend.
Heute ist ein Tag zum Weinen und Abschiedsschmerz haben und das ist auch gut so, aber nach einer Nacht ist der Abstand größer, und das Neue, der neue Abschnitt für uns alle drei ist da. Und ihr könnt euch dann einfach freuen, auf das, was vor euch liegt, ihr könnt all das machen, was ihr wollt! Und ich freue mich auch, für euch und darüber, dass ich so tolle Ma und Pa hab, die ihre Träume leben.
Und dabei haben wir stets so viele Möglichkeiten, uns auszutauschen. Wir haben es gut.
Ich freu mich auf Rom, auf euch beide. Ich hab euch sehr lieb. Sarah
Hi Sarah,
Ja, ein Tag zum Weinen, ich hab jetzt sogar meine Kontaktlinsen raus gemacht, weil sie so neblig sind. Erste Anflüge von Riesenneugierde zeigen sich aber schon blitz-lichtartig: Wie sieht unser "Alltag" in zwei

Wochen, in zwei Monaten, in einem halben Jahr aus? Die graue Kloß-
masse nimmt wieder Farben an, spielt aber schon noch ein bisschen
Chamäleon.

Tja, das Wetter ist leider nicht so toll, wir sind jetzt auch gar nicht auf
einem Zeltplatz, vor allem weil es hier in einem Hintertupfingendörf-
chen in Österreich meilenweit keinen gibt. Selbst für ein geöffnetes
Gasthaus mussten wir über Stunden auf Wald- und Wiesenwegen radeln
und Hunger wie Durst noch weiter ausbauen. Jetzt sind wir in einer
uralten Stube mit Kachelofen und Volksmusik, haben gegessen, ein bil-
liges, trockenes Zimmer bezogen und werden früh zu Bett gehen.
Harry fragte gerade, ob ich ein Buch schreibe. Nun... warum nicht?

12. August

Für gerade mal 68 Kilometer brauchten wir heute über fünf Stunden.
Kein Wunder, bei diesen Höhenmetern! Sowohl Rad wie auch Fahrer
pfiffen mitunter aus dem letzten Loch, im allerkleinsten Gang, bei Stei-
gungen von 14 Prozent über Strecken von mehreren Kilometern – nun
gut, so liegt der Durchschnitt bei schlappen 12,5 Stundenkilometern. Da
wir unbedingt zelten wollten, nahmen wir abseits des Bodensee-
Königsee-Radwegs noch einen Berg mit weiteren tausend Höhenmetern
in Kauf. Jetzt steht unser Zelt im Matsch am Grüntensee, abends um 19
Uhr beglücken uns gerade mal noch 9°C, ich plündere meine Klamot-
tentasche und perfektioniere das Zwiebelprinzip.

13. August: So schön ist der Sommer

Der Tag begann mit Regen, setzte sich mit Schauern fort, garnierte den
Nachmittag mit Wolkenbrüchen und endete mit Nieselregen. Unsere
Idee, mit dem Sommer nach Osten zu reisen, geht derzeit nicht wirklich
auf. Petrus scheint andere Pläne zu haben und sitzt einfach am längeren
Hebel. Offensichtlich ist es ihm ein Anliegen, dass wir unsere neue was-

serfeste Ausrüstung ausgiebig testen, dabei müsste der Härtetest im dunkelgrauen Allgäusommer auch in seinen kritischen Augen doch längst bestanden sein? Von daher könnte er bald ein anderes Programm auflegen.

Schön ist der Sommer aber trotzdem! Wir genießen unsern "Sabbat", spüren jeden Tag mehr die Freiheit, die wir jetzt haben. Da stören auch die nassen Klamotten und die erste kleine Panne an Harrys Fahrrad, die uns buchstäblich im Regen stehen ließ, nicht ernstlich.

14. – 17. August: Von See zu See

Sonne! Aber leider nicht von Dauer. Petrus ist noch nicht fertig mit seinem Schnürli-Regen, wie er wieder eindrucksvoll bewies. Aber auch wir zeigten trotzig unser Durchhaltevermögen und strampelten patschnass durch Bayerns Seen- und Flusslandschaft. Was durch den Regen noch nicht zu triefen begonnen hatte, wurde schließlich bei einer wilden Flussüberquerung unter Wasser gesetzt. Irgendwann begann das Wasserradeln richtig Spaß zu machen, zudem verwöhnten uns herrlich gelegene Radwege, so dass wir beschlossen, noch den Umweg zu einem Campingplatz am Kochelsee in Kauf zu nehmen. Hier wohnen wir - im Wohnwagen! Den haben wir nicht etwa mit dem Fahrrad über Allgäus Hügel gezogen. Als wir so aufgeweicht auf diesem ziemlich alternativen Campingplatz ankamen und ironisch nach einem trockenen Plätzchen fragten, wurde uns für zehn Euro ein alter Wohnwagen angeboten. Wir überlegten nicht lange und begannen zu residieren.

Nachdem wir gestern über Bayerns Nationalfeiertag „Mariä Himmelfahrt" mit Trachten, Blasmusik und unzähligen Maßkrügen - zwei davon waren natürlich für uns - gestaunt haben, sind wir mittlerweile in Schliersee angekommen. Bei einer abendlichen Stadtrunde landeten wir in einem netten Lokal, saßen richtig gut und knüpften schöne Kontakte zu den Gästen und den Wirtsleuten, ganz liebe Menschen! Als wir gestern Abend ins Gespräch kamen, luden sie uns spontan zum Frühstück ein mit der Möglichkeit, das Internet zu nutzen. Was für ein Frühstück uns aufgetischt wurde! Hier sitzen wir nun, füllen unsere Bäuche und die Homepage.

"Griaßt eich!"

So etwas gibt es noch in Deutschland: Kleine Dörfchen, über Mini-Straßen erreichbar, wo, wie heute Mittag zum Beispiel, zwei Hühner die Straße entlang spazieren, ein Teenager uns barfuß entgegenkommt und fröhlich schmettert: "Griaßt eich!" Dazu noch ein tolles Alpenpanorama und schöne Klöster, Kirchen und kleine Kapellen, die sich in manchem Waldwinkel verstecken, wie zum Beispiel eine Bruder-Klaus-Kapelle kurz vor Anger. Nicht zu vergessen natürlich die idyllischen Biergärten. Schade, dass man nicht bei jedem halten kann. Solche Eindrücke konnten wir die letzten Tage sammeln, unterwegs in Bayern auf dem Boden-see-Königssee-Radweg.

18. – 21. August: Schock am Königssee

Viel Schweiß und Muskelkraft haben wir investiert, zahllose Höhenme-ter über-wunden, dabei ganz tolle Gegenden kennengelernt, um an ein erstes kleines Etappenziel zu gelangen, den Königssee. Wir stellten uns einen idyllischen ruhigen Bergsee vor, umrahmt von steilen Gipfeln, beschaulichen Örtchen - und rechneten überhaupt nicht mit McDonalds, der uns hier als erster begrüßte, dem Riesenrummel, der in Königssee herrscht. Schock! Harry stierte erst einmal fünf Minuten ins Wasser, als wir uns durch die Touristenmassen an den See gekämpft hatten, um keine Menschen mehr zu sehen. Dass wir hier die Flucht antreten wer-den, war ohne jede Absprache klar. Ein Stück abseits vom See und dem Rummel fanden wir schließlich ein nettes Plätzchen für uns und unser Zelt.

Der Bodensee-Königssee-Radweg ist aber trotz dieses übervölkerten Zielpunkts nur zu empfehlen! Schöne, ruhige Landschaften und Örtchen, perfekte Beschilderung, mit seinen Höhenmetern sportlich nicht nur interessant, sondern mit 70 Kilo Ballast eine Herausforderung - für uns der schönste Radweg in Deutschland, den wir bisher gefahren sind.

Wie geht's weiter? Jetzt bleiben wir erst mal zwei, drei Tage hier in Schönau für drei wichtige Ws: Wohnen, Waschen, Wandern, vielleicht Richtung Watzmann. Anschließend schauen wir, wie wir weiter über die Alpen kommen.

Groß und mächtig, schicksalsträchtig,
um seine Gipfel jagen Nebelschwaden...

Genauso zeigte sich uns der Watzmann heute bei unserer Wandertour. Eine geniale Gegend! Wir sind längst mehr als entschädigt für den turbulenten Empfang hier, die majestätischen Berge machen alles wett!

Das Watzmanngebiet reizte Harry schon lange - jetzt hatten wir es unter den Füßen! Die Watzmann-Ostwand war uns ein, zwei Nummern zu groß, aber ein toller Steig dem grimmigen Papa Watzmann entgegen gefiel uns auch sehr gut. Nach oben auftürmende, in grauen Wolken verschwindende Felswände, nach unten beinahe senkrecht der Blick auf den 800 Höhenmeter tiefer liegenden See - genial! Auch Petrus passte sich ausnahmsweise mal unseren Aktivitäten an und schickte seinen Sturzregen mit Hagel genau in dem Moment, als wir nach toller, trockener Bergtour den Einkehrschwung geschafft hatten - danke nach oben!

Hausarbeit

Nein, langweilig wird es uns nicht, auch wenn wir mal einige Tage nicht Rad fahren. Wir haben viel zu tun. "Wohnung" einrichten, Klamotten waschen, Besucher empfangen, unseren Hobbies nachgehen, Homepage-Pflege, Räder auf Vordermann bringen und sogar ein großes Paket gaben wir heute in Schönau auf. Nicht etwa ein Geburtstagsgeschenk für einen lieben Freund, sondern das, was sich in den letzten Tagen in unserm Gepäck als überflüssiger Ballast entpuppte. Sechs Kilo brachte das Ding auf die Waage, nun werden wir über die Alpen geradezu fliegen können...

Dem Hobby "Joggen" ging ich erstmals seit wir unterwegs sind wieder nach, am ersten Radpausetag frühmorgens um halb sieben. Hier zeigte sich das Umfeld schon wesentlich ruhiger. Das notwendige Klamotten-Waschen war zum Hausfrauenglück ganz einfach, weil's auf unserm Zeltplatz eine Waschmaschine und einen Trockner gab, prima!

Und auch Besucher empfingen wir wirklich. Ein Verfolgerteam aus Seedorf heftete sich auf unsere Spuren - diese Urlaubsplanung war aber Zufall - und nutzte unsere Radpause gnadenlos aus, uns einzuholen und einen richtig schönen Abend mit uns zu verbringen.

23. August: Über den Radstädter Tauernpass

Ganz schön platt waren wir gestern am späten Nachmittag, als wir endlich die Tauernpasshöhe erreichten. Hinter uns lag eine flotte morgendliche Etappe von Bischofshofen nach Radstadt mit 400 Höhenmetern, bei der sich zudem Harry's Treter ziemlich störrisch zeigte, da ihm eine Flussüberquerung letzte Woche nicht gut getan hatte. Radstadt machte seinem Namen aber alle Ehre, wir konnten das Rad dort mit Fachmann-Unterstützung reparieren. Dem schloss sich eine sehr zähe Nachmittagsetappe an, mit 900 Höhenmetern bis zum Pass. Zudem ging's zwischendurch immer mal wieder bergab, was zwar der kurzfristigen Erholung außerordentlich gut tat, der Gesamtsteigung allerdings genauso! So etwas brauchen wir nicht alle Tage...

Die Passhöhe hielt nach der Anstrengung dann leider keine urige Passhütte für uns bereit, auch kein nettes Täfelchen, das stolz die Passhöhe verkündet, sondern ist flankiert von einem mondänen Wintersportort in

Sommertristesse. Am höchsten Punkt thront ein riesiger Hotelkomplex namens "Passhöhe" - auch wenn man aus dem letzten Loch pfeift, ist das keinen Stopp wert!

Wir ließen es noch 20 Kilometer abwärts sausen mit dem Entschluss, den nächst besten Campingplatz zu nehmen und landeten nicht nur auf dem nächsten, sondern auf einem der besten, den wir je hatten, mit Wellnessbereich und Fitnessraum, der uns aber absolut nicht mehr interessierte nach diesem Tag. Das Umfeld zeigte sich allerdings etwas absurd. Ein Skizentrum, jetzt im Sommer ohne Skifahrer, aber mit allem drum und dran, wie man's vom Winter her kennt, wie beispielsweise einem riesigen Skistadl mit Alpen-Musik und lederbehosten Bedienungen, wovon uns zwei hofierten, nachdem wir die einzigen Gäste waren.

24. August: Tour de Mur

Ein Flüsschen haben wir entdeckt, noch im Salzburger Land, namens Mur, das gefiel uns richtig gut und fließt im Bogen durch die Steiermark bis an den äußersten Zipfel Österreichs. Für Kärnten war sowieso schlechtestes Wetter vorausgesagt, also radeln wir jetzt durch die Steiermark mit Mur-Wegweiser.

In einer schönen Gegend sind wir gelandet, ruhig und beschaulich. Darin eingebettet ein neuer Radweg, der in dem engen Tal zwar keinen Hügel auslässt, aber Spaß macht und perfekt ausgeschildert ist. Picknicktische am Rand laden ein, sofern man etwas in der Tüte hat, zudem gibt's etliche Radlerstationen. Es scheint, als ob sich die Gegend für den Tourismus frisch gerüstet habe, aber die Touristen darüber noch nicht informiert worden seien. So bieten beispielsweise etliche Gemeinden eine spottbillige Campingmöglichkeit, beispielsweise auf ihrem Festplatz, mit blitzsauberen sanitären Anlagen - und die einzigen Gäste sind wir.

28. August: Der erste Tausender

Die ersten tausend Kilometer lagen gestern punktgenau inmitten von Graz auf der wahrscheinlich vielbefahrensten Straße hinter uns. Eigentlich hatten wir die Idee, einige Kilometer vor den Stadttoren zu zelten, um dann von dort aus einen Tag lang ohne Fahrrad die Stadt zu besichtigen. Dieser Campingplatz gefiel uns absolut nicht! Also radelten wir zwanzig Kilometer weiter, wir hatten ja auch schon die zweite gute Idee, den laut Straßenkarte am Stadtrand liegenden Zeltplatz zu nehmen. Diese Idee wiederum scheiterte, weil es den Platz nicht mehr gibt. Als Nächstes peilten wir den Stadt-Camping in der Innenstadt an, welchen wir allerdings auch nach über einer Stunde Suchen mit voll bepackten Rädern nicht fanden. Schließlich fragten wir einen sehr freundlichen Polizisten, er wusste aber gar nichts von der Existenz eines solchen Platzes. Nachdem wir so eineinhalb Stunden in dem samstagshektischen Graz herumgeirrt waren und der Tacho bereits an die hundert Tageskilometer zeigte - obwohl wir an diesem Tag eigentlich eine Butterfahrt vorhatten - verging uns die Lust auf noch mehr Stadtluft und wir radelten nochmals einige Kilometer weiter, raus aus den Toren der Stadt. Weiter geht's ins Grüne!

30. August: Mediterranes Österreich

Diese Region Österreichs war uns bisher völlig unbekannt, wäre niemals Ziel einer Urlaubsreise geworden, und auch jetzt sind wir nur nach einer spontanen, intuitiven Idee hier durchgeradelt. Es reut uns gar nicht!

Gleich hinter dem Salzburger Land besitzt die Region noch den Charakter, den wir dem Alpen-Österreich zuschreiben, doch schon ab der Mitte kommt ein mediterranes Ambiente hinzu. Die Landschaft wird grüner, die Temperaturen wärmer, die Menschen offener. Höhepunkt unserer Steiermarkdurchquerung ist die Südsteiermark, hinter Graz, im Grenzgebiet Österreich-Slowenien. Eine sehr fruchtbare Gegend hier, ein Bauer erzählte uns, dass sie wieder eine sehr gute Ernte einfahren würden, zudem sieht man an jedem Wegesrand, dass es der Obsternte an nichts fehlt. Mais ohne Ende, der zwar sehr dünn, aber ein Drittel höher ist als unserer und riesige Kolben trägt. Daneben viele Kürbisfelder, die auf den ersten Blick ziemlich unscheinbar wirken, doch schaut man ein bisschen genauer hin, entdeckt man viele große, gelbe und grüne Kürbisköpfe. Die Ernte beginnt gerade jetzt in diesen Tagen, und welch leckeres Produkt daraus hergestellt wird, kosten wir hier jeden Tag, wenn wir nicht nur die Salatblätter, sondern auch alle anderen Lebensmittel und Delikatessen in allerfeinstem, dunkelgrünem Kürbiskernöl schwimmen lassen. Daneben eine Vegetation, wie wir sie in unseren heimischen Breitengraden weniger vorfinden, mit großen Kakteengewächsen, Feigen- oder Pfirsichbäumen. Was die Sprache anbelangt, wähnen wir uns im tiefsten Ausland. Wenn die Steirer richtig loslegen, versteht man kein Wort mehr!

Nicht nur für die Bauern, auch für Radfahrer hat die Region einiges zu bieten. Alle paar Kilometer gibt's „Buschn", das sind Bauern, die ihre Produkte unterm Apfelbaum oder Rebendach anbieten, und hier können zwei hungrige und durstige Radler eine große Mittagspause mit Bauernvesper, Most und Wasser für wenige Euros genießen.

Bad Radkersburg als letzter Zipfel Österreichs bietet nicht nur einen Zeltplatz, der zur Radelpause einlädt, sondern ein Städtchen, das Balkan-Flair mit österreichischem Charme verbindet, und eine berühmte große Therme, die zum Baden und Entspannen einlädt. Wie zwei junge Götter werden wir nach diesem Programm Slowenien und Ungarn entgegen radeln…

31. August: Aufbruch in andere Welten

Unglaublich, dass nur ein Radtag und gute hundert Kilometer weiter die

Welt ganz anders aussieht! Touristen gibt's bis auf zwei voll bepackte Radler wohl überhaupt keine, die Sitten sind ganz andere und wir verstehen kein einziges Wort mehr. Spannend!

Die sechzig Kilometer in Slowenien durchsausten wir in einem Rutsch und überquerten am Nachmittag die Grenze nach Ungarn. Schon das angeregte Gespräch mit dem Grenzbeamten, in dem wir unsere Reisepläne erklären konnten und er von einem Rad begeisterten Freund erzählte, ohne dass einer die Sprache des anderen verstand, machte Lust auf Neues.

Eindrücke am Wegesrand

Einfachstes Landleben und westliche Moderne prallen hier am Südrand Ungarns nicht nur aufeinander, sondern greifen ineinander über. Pferde- und Eselskarren bremsen fette Brummis aus, die Feldarbeit wird zumeist mit Sichel und Rechen oder uralten Maschinen betrieben, daneben kann man aber auch die Hubschrauber unterstützte Bearbeitung groß dimensionierter Flächen beobachten. Die Vorzeigefamilie in Designerklamotten steigt nach ihrem Bar-Besuch in ein klappriges Gefährt, das Höhepunkt bei der Oldtimerparade auf Seedorfs Dorffest darstellen könnte.

Die Dörfer sind alle nach demselben Schema angeordnet. Links und rechts der holprigen Straße ein Dorfgraben, über den Gras bewachsene Hauszufahrten führen. Die ärmlich wirkenden Häuser selbst zeigen mit einer schmalen, tristen Stirnseite zur Straße, mit wenigen Fenstern, die meist noch durch schwere, schmutzige Fensterläden verdeckt bleiben. Das Leben spielt sich zwischen diesen nach hinten lang ausgedehnten Grundstückzeilen ab. Hier arbeiten die Frauen, trotz des sonnigen Wetters meist mit dickem Kopftuch, hier gackern die Hühner, hier flattern endlose, dicht behängte Wäscheleinen.

Kein Haus ohne Hund! Wenn wir durch einen Ort radeln, löst dies neben neugierigen Blicken vor allem ein Konzert in den unterschiedlichsten Jaul-Tonlagen aus. Beim ersten vermeintlichen Großangriff begann ich schon fieberhaft zu überlegen, wo Tines Pfefferspray stecken könnte, doch mittlerweile habe ich's verinnerlicht: Hunde, die bellen, beißen nicht! Das beweist schon allein die Tatsache, dass wir unser kurzerhand zum Zeltplatz umfunktioniertes Vorgärtchen mit einem zotteligen Vierbeiner teilten.

So ärmlich und grau ein Dörfchen auch scheinen mag, stets findet sich eine große Kirche in strahlendem Glanz. Harry vermutete schon, dass bald ein großer Kirchfeiertag bevorsteht, so gepflegt werden das Gotteshaus und dessen Außenanlagen.

In jedem noch so kleinen Örtchen gibt es mindestens eine Bar, die von früh morgens bis abends geöffnet hat und stets gut besucht ist. Wer Hunger hat, ist hier allerdings fehl am Platz. Restaurants finden sich höchstens in Städten, und auch dort kann man vergeblich suchen. Proviant in der Tasche zu haben, empfiehlt sich! Bis auf wenige Ausnahmen bleiben die sanitären Anlagen ihrem Selbstreinigungsprozess überlassen, zudem kann man die stillen Örtchen meist nicht abschließen. Das stellt allerdings überhaupt kein Problem dar, da die Kabinen so winzig sind, dass die Tür ohnehin keinen Spalt mehr aufgeht, wenn der halbe Quadratmeter besetzt ist.

Die Sprache wirkt unendlich, zumindest was die Fülle von Buchstaben und Silben für einen einfachen Begriff anbelangt, zeigt sich aber sehr Harry- und Simone-freundlich. Die ungarischen Wörter für Bier und Wasser sind wahrscheinlich die allereinfachsten der gesamten Sprachkultur, "Sör" und "Viz". Wir kommen durch, und das nicht schlecht!

2. September: Was schmückt heute Nachbars Vorgarten?

Das fragten sich einige in dem vornehmen Wohnviertel von Barcs, einer größeren Stadt. Nun, da standen heute Morgen ein Zelt und zwei Fahrräder, direkt neben dem kleinen Blumenbeet. Außerdem konnte man zwei üppig frühstückende Menschen bewundern.

Der in der Karte verzeichnete Zeltplatz war nirgends zu finden, als wir nach über hundert Kilometer unser Tagesziel scheinbar erreicht hatten. Gestikulierend und Karte zeigend fragten wir bei einer Anwohnerin nach. In Windeseile war die halbe Straße versammelt und diskutierte heftig über die Existenz eines Campingplatzes. Die Skeptiker setzten sich durch. Diesen gebe es erst nächstes Jahr, lautete das Ergebnis. Nun suchte die ganze Straße nach einer Lösung. Schließlich marschierte man mit uns zweihundert Meter weiter zu einem Haus mit etwas größerem Vorgarten. Hier sollen wir doch unser Zelt aufschlagen, lautete der Vorschlag, wenn wir auf Dusche und Waschbecken verzichten könnten. Wir zögerten nicht lange, zumal sich in unmittelbarer Nähe eine Therme befand, in der wir uns am späten Abend noch ein Bad mit Massagedüsen gönnten und uns in 40 Grad warmem, rostfarbenem Wasser wohlig suhlten.

4. September: Vukovar

Nachhaltige Eindrücke hatten wir heute erwartet, sollten wir das beinahe hundertzwanzig Kilometer entfernte Vukovar erreichen. Hier gelangten wir schließlich das erste Mal auf unserer Tour an die Donau, daheim ein junges Flüsschen, hier eine majestätische Dame, die in ihrer Breite bereits die Ausmaße eines Sees annimmt und noch weiter anwachsen wird.

Dies waren allerdings nicht die Eindrücke, die diesen Tag nachhaltig prägten. Verbrannte Erde auf riesigen Friedhöfen, scheinbar endlose Minenfelder durch die einzig unsere kleine Strasse führte, versehen mit vielen Warntafeln, den Weg nicht zu verlassen, unzählige Ruinen. Einschusslöcher sind nicht nur an Fassaden sichtbar, sondern auch in dem Haus, das wir heute Abend betreten haben. Der Krieg, den wir am Fernseher verfolgt haben, geht plötzlich tief unter die Haut. Fotos mag man keine machen. Beklemmende Gefühle trotz des lauen sommerlichen Abends, trotz der Donau, die behäbig an uns vorbei fließt. Wir stellen nicht unser Zelt auf, sondern schlafen in einem billigen, selbst ernannten Hotel und blicken durch die zerlöcherten Mauern nach draußen.

Ein Geschenk, dass wir als freie Menschen durch ein im Moment friedliches Europa reisen dürfen.

6. – 8. September: Adrenalin

Dass uns heute, auf serbischen Strassen mit Kurs Belgrad, keine Genussetappe bevorstehen würde, war klar, und unsere Vorahnungen erfüllten sich zu hundertzwanzig Prozent. Nicht nur auf Grund der profilierten Strecke bewegte sich der Puls im angehobenen Bereich, auch ein Lastwagen, der unmittelbar vor uns seine Ladung verlor und die Strasse mit gelben Rohren garnierte, oder die entgegen kommenden Autofahrer, die sich durch ein paar Radler in keinster Weise von ihren Überholabsichten auf der schmalen Strasse abbringen lassen wollten, sorgten für Adrenalinspitzen. Zudem scheinen die Verkehrsteilnehmer hier eine etwas verzerrte Vorstellung davon zu haben, welchen Anteil der Strasse ein Radfahrer gerne für sich beanspruchen würde. Zumindest den Busfahrern wurde in ihrer Ausbildung sicher eingebläut, dass ein bepacktes Fahrrad durch überlautes Hupen automatisch ein Drittel schmaler wird. Dazu noch einige Straßenköter, bei dieser Spezies sei das Wort erlaubt, die ihre Revieransprüche gerne in kleinen Verfolgungsrennen demonstrierten. Solche Situationen waren besonders für Harry bedrohlich, lief er doch Gefahr, dass meine auf die Beinfrequenz übertragenen Pulsspitzen zu manchen Beinahe-Auffahrunfällen führten.

Die Strassen selbst sind in einem ziemlich holperigen Zustand, oft übersät mit breiten Querrillen und tiefen Schlaglöchern. Selbst wenn wir unsere mühsam erkämpften Höhenmeter wieder abwärts rollen, drosseln wir die Geschwindigkeit gerne. Die Frage, Helm zu tragen oder nicht, stellen wir uns überhaupt nicht mehr, wir zählen ihn mittlerweile zu den wichtigsten Kleidungsstücken. Sehr interessant, aber nicht unbedingt einer schnellen Orientierung im dichten Verkehr der Städte dienend, sind die Straßenschilder mit den seltsamen kyrillischen Schriftzeichen. Manches lässt sich schon entziffern, zwei Tage noch, dann dürfte das auch im Vorbeiradeln kein Problem mehr darstellen. Mit einigem Nachdenken bekomme ich jetzt schon die Wortlaute zusammen.

Grosse Sahnehäubchen auf solch zähen Radkilometern bilden die schönen Kontakte, die sich jeden Tag mehrfach ergeben. Bei jedem Stopp als Fremde zurückhaltend begrüßt, werden wir eigentlich immer per Handschlag und mit vielen guten Wünschen verabschiedet, nachdem sich innerhalb kürzester Zeit nette Gespräche ergeben haben, in denen gefragt und erzählt wird, wir einige Brocken serbisch lernen und die Serben mit Eifer sämtliche deutsche Städte aufzählen, die sie kennen.

Policija und Paprika

Je weiter wir nach Osten kommen, desto interessanter wird es. Der Tag begann schon mit aufgeregtem Klopfen an unsrer Zimmertür, Zelten ist hier leider kaum möglich. "Nacht?" verstanden wir auf serbisch und antworteten höflich, sie war gut. Gut fand der aufgeregte Mann im Türrahmen das aber gar nicht, er hatte ganz andere Probleme. Irgendwann kapierten auch wir, dass die Polizei sich dafür interessierte, wo wir die letzte Nacht verbracht haben und wo die nächste Station sei. Nun, das Erste wussten wir natürlich, konnten es aber nicht nachweisen, und wo wir die nächste Nacht verbringen werden, wüssten wir oft auch gern, bestimmt dieser Gedanke doch unsere allabendlichen Überlegungen. Die Polizei schien unsere Erklärungen schließlich zu akzeptieren, beschäftigte sich noch ein Weilchen intensiv mit unseren Pässen, dann konnten wir endlich starten. Überhaupt gibt es viel Polizeipräsenz auf den Straßen, immer wieder werden wir kontrolliert. Der Reisepass bleibt im vordersten Gepäck.

Wenn auch die Ausweispapiere hier ordentlich Platz einnehmen, so kann dafür der Geldbeutel etwas schlanker bleiben. Unsere Unterhaltskosten bewegen sich oft im einstelligen Bereich, einkaufen hieß heute zum Beispiel geschenkt bekommen. Paprika war mein Gelüste, bei einer Bäuerin am Straßenrand fragte ich danach. Nachdem ich ihr umständlich erklärt hatte, dass ich nicht zwei Kilo, sondern zwei Stück wolle, begann sie zu lachen, drückte mir die Paprika in die Hände und eine dicke Fleischtomate dazu. Keinen einzigen Dinar wollte sie dafür nehmen. In der Zwischenzeit versammelten sich die anderen Gemüsekistenbetreiber. Sie hatten viele Fragen zu unserer Reise, wir können mittlerweile einige Brocken auf serbisch antworten, und die Bundesliga wurde auch heftig diskutiert.

9. September
Hi Sarah,
hier ein kleiner Eindruck unseres Alltags. Kurz nach neun kamen wir los und wurden gleich von netten Serben vor schlechtem Wetter und den bösen Bulgaren im Grenzgebiet gewarnt. Das schlechte Wetter kam nicht und der einzige Bulgare, den wir trafen, erzählte uns freundlich und aufgeschlossen von seinem Heimatland, so dass wir noch neugieriger wurden. Die Strecke heute war auch sehr okay, quasi kein Verkehr, ein paar Hügelchen nur, dazu Rückenwind! Trotzdem kamen uns Zweifel am Mittag. Die richtige Route? Wäre entlang der Donau doch besser gewesen? Hätten wir den Weg durch Rumänien wählen sollen? Wie hoch sind die Berge? Oje, Sofia liegt auch auf unserer Strecke. Städte liegen uns gar nicht, zumindest im osteuropäischen Raum sind die ziemlich stressig.

Ergänzung 10. September:

So hoch wirken die Berge eigentlich gar nicht. Eher anstrengend sind die geschotterten Tunnels, die immer für einen dicken Staubbelag nicht nur auf den Rädern und Taschen, sondern auch auf Gesicht und Wimpern hinterlassen. Das beißt ganz ordentlich und eine Waschgelegenheit gibt's eben nicht um die Ecke, auch nicht eine Ecke weiter.

Heute Morgen radelten wir durch Niz. Wie immer suchte ich nach einer Toilettenmöglichkeit und meinte diese auch zu finden, hinter einer zerfallenen, kleinen Hütte, wild bewachsen. Wie beschämt war ich, als hier eine alte Frau heraus kroch und mühsam ihre Wäsche aufhängte. Erst wollte ich fragen, ob ich ein Foto machen dürfe, aber das erschien mir dann so falsch. Mann, geht's uns gut.

...Harry sieht das im Moment wahrscheinlich etwas anders. Er rennt hinter jeden Busch, irgendetwas scheint ihm nicht bekommen zu sein.

11. September: Augen und Blicke am Rande

Ein bunter Bilderreigen bietet sich uns beim Blick über den Lenker. Zahlreiche Hütten, die verfallen und verlassen wirken, aber doch bewohnt sind, wie kleine Gärtchen oder Wäscheleinen beweisen. Daneben prangt plötzlich ein exklusiver Palast. Besonders Harry fällt auf, wie viele Rohbauten hier herumstehen, vor etwa fünfzehn Jahren begonnen und nie vollendet. Der Krieg und die Politik haben das Land und die Menschen schwer gebeutelt. In längeren Gesprächen ist immer die Arbeit das vordringlichste Thema, meist nicht vorhanden; mit Gelegenheitsjobs schlagen sich die Menschen durch, und wer glücklich eine Stelle hat, arbeitet von früh bis sehr spät für umgerechnet 150 bis 200 Euro pro Monat. Familien, die lange Zeit in Deutschland lebten und nach Ende des Krieges abgeschoben wurden, freuen sich mit uns deutsch sprechen zu können und schildern ihren nicht einfachen Alltag, immer mit der Hoffnung auf Arbeit, auf eine gesicherte Existenz.

Bauern bei ihrer Arbeit sieht man viele, einer mäht mit der Sense geduldig eine große Wiese Bahn um Bahn, der nächste spannt seine zwei Ochsen an, der dritte tuckert mit kleinem Traktor und der vielköpfigen Großfamilie, vom Kleinkind bis zur Oma, die auf dem kleinen Ladewagen aus Holz neben den Arbeitsgeräten kaum Platz finden, die holperige Straße entlang. Im hügeligen Hinterland begegnen wir etlichen Pferde- und Eselskarren, einer hatte sogar drei Geißen hinten angebunden. Den halben Tag lang pfiff ich das Lied "Auf der Schwäbschen Eisenbahn" vor mich hin. Selbst kleine Schweineherden mit Hirten trafen wir heute. Ein leider allgegenwärtiger Anblick ist Müll. Müll, mal vereinzelt bis zu meist riesigen Müllhalden, bunt gemischter Hausmüll bis zum verrottenden Sperrmüll, hässlich und stinkend. Zwei Mal mussten wir schon durch dichte, ätzende Rauchschwaden radeln, da ein solcher Müllberg einfach angezündet und das schwelend stinkende Feuer sich selbst überlassen wurde, begierig bewacht von den Straßenhunden, die neben solch einer Attraktion zwei Radfahrer plötzlich ignorieren können.

Das gelingt den Dorfbewohnern weniger. Das gesamte Leben spielt sich ohnehin auf der Straße ab und wenn dann zwei solche Fahrradgestalten daherkommen, steht dieses Leben einen kurzen Moment still. Bauarbeiter unterbrechen ihre Arbeit, Frauen ihr Gespräch, man ruft und winkt, reckt den Daumen in die Höhe. Harry verglich eine Ortsdurchfahrt gestern mit einer Tour-de-France-Etappe. Trotz aller Spontaneität und Herzlichkeit, wie sie in Deutschland fremd ist, werden die Serben nie aufdringlich, die vielen Kontakte auf der Straße bleiben stets in einem angenehm höflichen Rahmen.

13. September: Sofia

Nein, nach Sofia wollten wir überhaupt nicht, hatten wir doch genug von großen Städten, zig Radkilometern auf sechsspurigen, chaotischen Strassen wie zum Beispiel in Belgrad und planten unsere Route sowieso zweihundert Kilometer weiter nördlich an der Donau entlang. Die Donau hatten wir aber im Rahmen der täglichen Planänderungen nach hundert Kilometern schon wieder verlassen und von Sofia hörten wir so viel Schlechtes, dass es uns unwillkürlich mitten hinein zog! Wir gönnten uns ein Hotel und einen Tag ohne eine einzige Treterbewegung in Bulgariens Hauptstadt und entdeckten, dass erstens die Bulgaren sehr nette Menschen sind und zweitens die Stadt einiges Sehenswertes zu bieten hat, beispielsweise die Alexander-Nevsky-Kathedrale, die Russische Kirche oder das Ivan-Vazov-Nationaltheater. Daneben Parkanlagen, in denen Männer höchst konzentriert ihrem Schachspiel nachgehen, auf steinernen Spielfeldern, immer flankiert von zahlreichen interessierten Mitdenkern.

Wenn auch vor allem am Stadtrand zerfallene Wohnsilos anzutreffen sind oder in mancher Häusernische ein Muli an Stelle eines Autos steht, weht doch ein modernes Lüftchen in Sofia. Einkaufspassagen mit umfassendem Angebot, Hotels, Bars, Restaurants und Cafes - Europa hält Einzug.

7 Postkarten + 3 Damen = 10 Minuten

Weniger ökonomisch orientiert zeigen sich hingegen Bulgariens Amtsstuben und öffentliche Einrichtungen. Postkarten wollten wir frankieren, Briefmarken gibt's hier nur im Postamt, also machten wir uns auf den Weg dorthin. Ein uraltes, innen und außen graues Gebäude erwartete uns, dazu große Warteschlangen vor vielen Schaltern. Radbehelmt wurden wir gleich am Eingang distanziert gefragt, was wir wollen. Ach, Briefmarken, dafür gebe es eine extra Amtsstube. Darin ein Schalter und dahinter drei Damen. Dame Nummer eins fragte, was unser Wunsch sei. Briefmarken natürlich. Wohin soll die Post denn gehen? Sie nahm die Karten und gab den Befehl weiter an Dame Nummer zwei. Diese begann die Marken umständlich zu suchen und abzuzählen. Dame

Nummer drei aß krümelnd Kekse, während Frau eins am Schalter interessiert unsere Karten begutachtete. Sie schien es zu bedauern, dass sie die Texte nicht verstehen konnte. Eine Karte hatte es ihr trotzdem besonders angetan, die musste sie ihren Kolleginnen zeigen. Dame zwei unterbrach auf Grund dieser Sensation abrupt ihre Arbeit, bewunderte die Karte und begann danach von vorn mit ihrer komplizierten Zählarbeit. Frau Keksdame krümelte unbeirrt weiter, ihr Einsatz sollte erst noch kommen, als endlich die Briefmarken bereit lagen. Nun begann sie zu rechnen und meldete stolz den Betrag der Dame am Schalter, die das Geld von uns entgegennahm, der Keksdame weiterleitete und von dieser das Rückgeld wieder über den Tresen schob. Während dessen wurden die sieben Briefmarken fürsorglich überprüft - nach zehn Minuten war es so weit - wir durften Briefmarken kleben!

Hi Sarah,
du fragst, wie die Bulgaren sind? Ich erzähl dir einfach von heute A-
bend, dann hast du ein Bild. Erst fand sich nirgends eine Möglichkeit,
das Zelt aufzustellen, eine andere Unterkunft war noch weniger in Sicht
und erheblich weiter radeln konnten wir auch nicht mehr, da sich unse-
re Batterien ziemlich leer zeigten, besonders bei Harry, der nach seinem
Magen-Darm-Infekt seit Tagen kaum mehr etwas gegessen hatte. Und
nun? Keine Spur von den in Serbien angekündigten „bösen Bulgaren“!
Alle zeigten sich freundlich und hilfsbereit und hatten offensichtlich auf
nichts anderes gewartet, als sich um die Problemchen von zwei Radfah-
rern zu kümmern. Schließlich sind wir in Pirdol gelandet, in einem e-
hemaligen Feuerwehrhaus aus kommunistischer Zeit, das ein sehr
kunstsinniger und handwerklich begabter Bulgare seit zehn Jahren im
alten nationalen Stil ganz toll herrichtet. Eben dieser Mensch hat sich
vorher lange mit uns unterhalten, er spricht ein wenig deutsch, kann es
aber nie anwenden, weil keine Deutschen hier anzutreffen sind und in

der Regel auch nicht durchreisen. Das war sehr interessant, wir kennen die Geschichte unserer Miteuropäer ja gar nicht, musste ich feststellen. Morgen mache ich noch Fotos von hier, dann kannst du dieses Ambiente sicher irgendwann im Internet auf unserer Homepage bewundern. Auch in allen anderen unserer bisherigen Erfahrungen sind die Bulgaren einfach nett und normal. Nicht so spontan und herzlich wie die Serben, eher still und zurückhaltend, immer nett und freundlich.

Ich glaube, durch unser tiefes Eintauchen in Serbien sind wir dem westlichen Standard schon ganz schön entrückt gewesen. Jedenfalls genießen wir hier bewusst die Toiletten, die den Namen WC auch wieder verdienen, sehen Unterkünfte, die man tatsächlich als Haus bezeichnen kann und wenn das Rad zwar immer noch durch manche Schlaglöcher hüpft, rollt es dazwischen wenigstens einige Meter ohne Dauerschütteln.

Vom Schwarzen Meer haben wir heute Tolles gehört, schöne alte Städte soll es geben, feine Strände, die Hauptsaison sei vorbei, wenig Touristen, kleine Preise für die großen Annehmlichkeiten des Lebens und noch einigermaßen warme Temperaturen. Schön! Ich freue mich.

Jetzt sehe ich die Buchstaben kaum mehr, bin wohl müde, kein Wunder, es ist ja schon nach ein Uhr hier, liebes Gute-Nacht-Grüßle
Ma

Härtetest

„Wenn man tritt und meint man steht,
weil der Sturm entgegen weht,
jeder Meter fällt so schwer
- das ist der Weg zum Schwarzen Meer!"
Solch stumpfe Sprüche kommen einem in den Sinn nach stundenlangem Kampf gegen den enormen Sturm, der an Kräften zunimmt, während die eigenen zusehends schwinden, und wenn dazu weitere dreißig Tageski-

lometer vor einem liegen, die bei unserer Radelgeschwindigkeit der letzten Tage weitere zwei Stunden Kampf gegen die Wand bedeuten. Uff! Und dieses Szenario seit Tagen! Ich denke nur noch in Halbstundenabschnitten. Alles andere scheint unvorstellbar.

Allein unsere Einkaufsliste von heute Morgen zeigt, welches Superbenzin wir derzeit in rauen Mengen tanken. Schokokeks und Biskuit, dazu große Limo- und Colaflaschen, so heißen unsere Geschütze gegen den gefürchteten Hungerast. Nicht gerade das, was man unter gesunder Ernährung versteht, aber kein Problem, es handelt sich dabei ja nur um die Zwischenmahlzeiten. Unsere Hauptspeisen gestalten sich hier in Bulgariens endloser Hügelprärie äußerst „ausgewogen und abwechslungsreich": Fleisch mit Brot, Salat mit Brot, Brot mit Brot. Erstmals schleicht sich eine sehnsüchtige Erinnerung an deftige schwäbische Spezialitäten in unsere kulinarischen Gedanken. Diese prägt auch den Schluss des obigen Versleins:

Nicht nur Harry träumt dabei

Von Nudelsupp' mit Kartoffelbrei

19. September: Erstes Ziel erreicht

Nach genau 2502km ab Haustüre Seedorf und dreißig Radeltagen war es geschafft, das Ziel Schwarzes Meer erreicht. Welch ein Gefühl! Es gab sogar die ersten nassen Augen seit den Abschiedstränen. Dabei waren die näheren Umstände alles andere als rührend. In Burgas mussten wir uns erst kilometerweit durch schrillen Stadtverkehr kämpfen, endlich in Strandnähe angelangt fanden wir keinen Zugang zum Meer, da alles zugebaut ist, und zu allem Überfluss begann es auch noch zu regnen. Aber was soll's, echte Freude lässt sich nicht einfach abwaschen.

Blitzlichter

Der Blick zurück wandert staunend durch eine bunte Bildergalerie. Von den lauten Großstädten schnell zu den stillen, kleinen Bergdörfchen, vom hupend überholenden Autofahrer zum älteren Paar, das auf einem kleinen Eselskarren die kärgliche Ernte eines langen Arbeitstages nach Hause bringt, von dem Chaos auf den überfüllten Strassen um Belgrad zu den holperigen Wegen, die uns allein zu gehören schienen.

All die schönen Kontakte, die sich durch die gegenseitig herrschende Neugierde so oft ergeben haben und nicht selten in sehr persönlichen Gesprächen endeten, die Einblicke in die Lebensumstände, die wir dadurch gewannen. Wir erinnern uns an die so oft erlebte Gastfreundschaft, die nur einmal etwas missglückte und unsererseits ziemlich abrupt beendet wurde, als unser Gastgeber das Temperament seines lieben Vierbeiners - mit Kampfhundstatur! - in einem gänzlich anderen Licht sah als wir. Heute noch sieht man des kleinen Hundchens Prankenspuren auf meinem Arm.

Aus den Bergen Serbiens stammt ein Bild mit Grauschleier, wo unser Weg auf unbefestigten Wegen durch alte Tunnels führte, in denen solche Staubwolken hingen, dass unsere Gesichter danach von einer dicken Grauschicht bedeckt waren, wie auch die Räder und Gepäcktaschen. Die lustigen Missverständnisse in Bulgarien, wenn wir in den Stationen am Wegesrand höflich fragten, ob es hier etwas zu trinken gebe und ein lächelndes, aber heftiges Kopfschütteln die Antwort war. Die erste Enttäuschung war immer schneller als das Gehirn mit der Meldung, dass in Bulgarien Kopfschütteln ja und Nicken nein bedeutet. Die Hürden, eine Homepage zu bearbeiten unter umständlicher Benutzung kyrillischer Tastaturen.

Was nehmen wir mit von diesem ersten größeren Abschnitt unserer Tour? Auf jeden Fall die Erfahrung, was "Herzlich willkommen" bedeutet, wenn es, wie wir stets erfahren haben, nicht nur als Floskel gebraucht wird - und eine kleine Extraportion persönlicher Gelassenheit.

Sozopol

In einem so schönen Örtchen sind wir hier am Schwarzen Meer letztlich gelandet, dass man meinen könnte, wir hätten das von langer Hand geplant. Nun, wenn das geplant war, dann von einer anderen Instanz, wir hatten zunächst ganz andere Vorstellungen. Von einem schönen Campingplatz träumten wir, vom Kochen auf dem Gaskocher – schwäbische Nudelsuppe? - vom einfachen, genussvollen Zeltleben. Auf der Karte sind auch einige Plätze verzeichnet, selbst am Straßenrand fanden wir Hinweistafeln - allein die Plätze selbst bestanden einmal aus einem zerbrochenen Schild an einer zerfallenen, überwucherten Hütte, ein anderes Mal aus drei rostigen Wohnwagen im Niemandsland, offensichtlich nur von Straßenhunden bewohnt. Die nächsten angesteuerten Plätze hatten schon geschlossen. So reihte sich Stunde an Stunde, Kilometer an Kilometer, eine Enttäuschung an die andere, bis wir beschlossen, jetzt eben umzudenken.

Nun hielten wir die Augen offen nach einem schönen Ort mit netter Unterkunft und waren plötzlich überaus erfolgreich. Wir wohnen jetzt in Sozopol in einem tollen Hotel am Fels- und Sandstrand und lassen uns nach Strich und Faden verwöhnen. Einzig der Preis für diesen erst ungewollten Luxus entspricht den einfachen Zeltplatzvorstellungen.

Sozopol ist ein ehemaliges kleines Fischerdörfchen, auf einer Felsenhalbinsel gelegen und auf den Ruinen der antiken thrakischen Stadt Apolonia erbaut. Die Stadt hat sich ihren einfachen Charme bewahren können und wird hier an der Küste auch als Ort der Fischer und Maler bezeichnet, ein Attribut, das wir nur unterstreichen können. Enge, kopfsteingepflasterte Gassen mit Häuschen, deren oberes holzvertäfeltes Stockwerk dem unteren aus Steinmauern vorsteht, neben vielen Winkeln, hinter denen sich weitere malerische Plätzchen verbergen, prägen das Stadtbild. Die Altstadt, die wir in wenigen Minuten am Felsstrand entlang erreichen, ist in ihrem ursprünglichen Zustand bewahrt, ohne Autos, ohne Hotels, geschmückt mit riesigen Häkeldecken, die die Frauen zum Verkauf feilbieten. Ein Glückskind, wer hier Seele und Beine baumeln lassen darf.

23. September: Istanbul

Istanbul, eine Metropole, unvorstellbar in ihren Ausmaßen, hundertfünfzig Kilometer lang, vierzig Kilometer breit, mit über vierzehn Millionen Einwohnern. Man mag sich vielleicht die Strecke Seedorf - Heilbronn verdeutlichen, als pures Stadtgebiet, in dem mehr als zwei Mal so viele Menschen als in der Schweiz wohnen. Eine Stadt, die nicht nur Brücken zwischen Europa und Asien schlägt, sondern auch den vibrierenden Spannungsbogen zwischen brodelndem Moloch und erhabenem Glanz. Einzigartig in ihrer Lage auf zwei Kontinenten, getrennt durch den Bosporus, einzigartig in ihrer Geschichte, die sich in den Bauwerken vielfach widerspiegelt, schon allein die Blaue Moschee, der Topkapi-Palast oder die Hagia Sophia überwältigen. Eng und quirlig, sowohl auf den vielspurigen Straßen, in denen sich Stoßstangen und Kotflügel im Schritttempo aneinanderreihen, als auch in den schmalen Gassen, wo zwischen den drängelnden Autos die Menschenmassen wabern und Händler mit Sackkarren sich lautstark ihren Weg bahnen. Das Gewusel im Grand Bazaar mit seinen unzähligen Ständen und Gassen, den Geräuschen und Gerüchen, die in der Luft hängen.

Genauso eindrucksvoll aber auch der winzige Einblick in den Alltag, den wir uns, mit Tram und zu Fuß unterwegs, in den etwas abseits gelegenen Gassen verschaffen konnten, wo die Männer ruhig beisammen sitzen, die Frauen geschäftig Gemüse putzen und die kleinen Jungs von den etwas älteren im Teenageralter erzogen werden.

Keine Stadt, von der man nach zwei Tagen genug hat. Diese kurze Zeit reichte gerade, uns ihre Einladung zu überreichen.

Weggefährten

Mit der Fähre setzten wir von Istanbul aus auf den asiatischen Teil der Türkei über, wieder freudig gespannt, was uns erwarten würde. Auf den ersten Radkilometern beschlichen uns aber sehr gemischte Gefühle. Starke Regenfälle hatten ihre Spuren hinterlassen, am Himmel drohten weitere schwarzgraue Regenwolken, wegen des Ramadans konnten wir unsere Proviantaschen nicht füllen, unsere Karte schien nicht zu stimmen und im ausgedehnten Niemandsland zwischen großen, ihren typischen Geruch verströmenden Hühnerfarmen sicherten sich streunende Hunde vehement ihr Revier - so die Beklemmung auslösenden Faktoren in steigender Reihenfolge. Um es kurz zu formulieren, die Hunde waren das Hauptproblem. Plötzlich aus dem Nichts heranjagend, nicht bellend, sondern knurrend, erst kurz vor dem Fahrrad abdrehend und dazu in den Ausmaßen eines Schäferhundes - das trifft den Schwachpunkt sämtlicher Simone-Nerven! Obwohl kein Tier mich je berührte, sprangen die wuchtigen Vierbeiner geradewegs in meinen Kopf und blockierten alles andere. Augen und Ohren sondierten das Umfeld nur noch nach knurrenden Geräuschen oder abrupten Bewegungen. Selbst ein Stopp, um die mittlerweile überflüssige Regenjacke los zu werden, schien ein zu wagemutiges Vorhaben. So macht das Radeln keinen Spaß! Also versuchte ich mir einzureden, dass diese Hunde genauso harmlos in der Gegend herum streunen wie unsere heimischen Katzen. Dieser Psychotrick scheiterte abrupt beim nächsten Kontakt, da Katzen eben nicht einen Meter groß sind und knurrend die Straßenböschung herunter jagen. Harrys Rat zu Folge und tatsächlich erfolgreich übe ich mich jetzt in selbstbewusster Miene, steinern zur Schau gestellt vor flatterndem Herzen.

27. September: Ahs und Ohs im Stundentakt

Ein bloßer Rückblick auf die letzten achtundvierzig Stunden könnte ein ganzes Buch füllen. Unsere erste Übernachtung in Westanatolien: Nach gänzlich untouristisch scheinendem Gebiet versprach plötzlich ein Hotel kulinarische und thermale Genüsse. Das Zimmer ohne Dusche. Egal, im Untergeschoss befindet sich ja das Thermalschwimmbad, so hatten wir unsere türkische Korrespondenz an der Rezeption interpretiert. Das erwartete Schwimmbecken entpuppte sich später als eine Handvoll kleiner altertümlicher Kabinen, ausgestattet mit steinernen Badewannen, in die man aus zwei Schläuchen heißes, nach Schwefel riechendes Wasser einlassen kann. Auch solch eine Therme wussten wir zu genießen, musikalisch unterhalten von den flötend einströmenden Luftblasen der undichten Stellen - mit keinem massagebedüsten Schwimmbecken hätten wir mehr tauschen mögen.

Weiter radelnd wählten wir eine kleine Straße über vermeintlich kleine Hügel. Die Hügel entpuppten sich als ausgewachsene Berge, führten uns von Meereshöhe ruckzuck auf eintausenddreihundert Höhenmeter und das weiter steile Auf und Ab brachte nicht nur uns, sondern auch den kleinsten Gang ins Schwitzen. Zudem verwandelte sich unser kleines Bergsträßchen immer wieder in eine Schotter- oder Schlammpiste. Einmal musste ich sogar abspringen und mühsam schieben, um nicht im Morast zu versinken.

Die Mühe lohnte! Kleinste Bergdörflein, in denen Männer mitsamt ihren Arbeitsgeräten auf Eseln reiten. Mädchen in Schuluniform auf steilem Nachhauseweg, während die Jungs sich mit Uniformkrawatte an der öffentlichen Wasserstelle waschen. Hunde, die zwar immer noch einen Meter groß sind, aber endlich das Benehmen einer Katze zeigen. Der ältere Mann, der sich meine leere Wasserflasche schnappt und sie eilends am Dorfbrunnen füllt.

Zelten war in dieser Gegend nicht angesagt und eine Unterkunft auch in dem etwas größeren Ort, den wir am Abend noch erreichten, schlicht nicht vorhanden, doch allein unser Erscheinen und die Frage nach irgendeiner Bleibe brachte sowohl den Dorfpolizisten als auch den halben Ort auf die Beine. In einer Dönerstube wurden wir nach Einbruch der Dunkelheit erst einmal verköstigt und der Polizist sicherte derweil unsere Räder gegenüber den neugierigen kleinen Dorfjungen. Obwohl wir ihre Worte nicht verstehen konnten, war die Sprache eindeutig. Wir waren zu Gästen des Dorfes geworden, nur wussten sie noch nicht, wohin mit uns.

Wenig später bat uns ein Mann namens Umit mit minimalen Englischkenntnissen, die Nacht bei ihm und seiner Familie zu verbringen und lotste uns schließlich zu seinem kleinen Häuschen, wo wir herzlich empfangen wurden, bei Tee zusammen saßen und uns radebrechend unterhielten. Mit Hilfe seines Sohnes, der in der Schule Englisch lernt, erstellten wir eine Liste der wichtigsten Vokabeln Türkisch - Englisch. Es stellte sich heraus, dass Umit eine hohe Stellung im islamisch geprägten, dörflichen Leben innehat.

Nach dem spätabendlichen, von Umit angeleiteten Gebetsgang öffnete plötzlich der Dorfladen. Umit ging kurz vor Mitternacht einkaufen und es wurde im Kreise der Familie in großen Schüsseln aufgetischt. Die Höflichkeit gebot es uns zwingend, trotz voller Bäuche zuzugreifen, da die hungrige Familie erst von einer Speise aß, wenn wir genommen hatten. Mit Zeigefinger und Daumen griffen wir nach Fleisch, Pommes, Erdnüssen und Chips. Einen Teelöffel teilten wir uns reihum mit der ganzen Familie, um den großen Eimer Vanille-Eis zu leeren.

Pappsatt waren wir, aber mehr noch überwältigt von den vielschichtigen Eindrücken dieses langen Tages. Dazu unser erstmaliger direkter Kontakt mit der Lebens- und Denkweise des Islams. Der Ramadan mit nächtlichem Essen und Trommlern, die frühmorgens ab halb fünf lautstark durch alle Gassen ziehen. Allem voran aber die Weltoffenheit, die diese strenggläubigen Muslime uns entgegen brachten.

Es geht nicht mehr!

Es geht nicht mehr, nur einen halben Tag und fünfundsechzig Kilometer später, nachdem wir uns von Umits Familie verabschiedet und die kleinen Hügel zum Mittelmeer in einem Rutsch überwunden hatten. Eigentlich wollten wir nur eine kleine Pause einlegen, hier an der Küste, wo Dönerstuben wieder zugänglich, aber trotzdem menschenleer sind.

Doch die Seele braucht jetzt Ruhe, das zeigten unsere spontanen Gefühlsbewegungen. Wir mussten beide weinen, erst ich, dann Harry, dann beide. Ein sehr inniger Moment. Plötzlich wussten wir, dass es jetzt nicht weiter gehen kann. Wir nisteten uns in einem ausrangierten Ferienhäuschen ein. Wir kochten endlich Nudelsuppe.

Wir blieben. Wir blieben noch einen weiteren Tag. Sicher die ereignislosesten Tage der ganzen Tour bisher. Endlich.

29. September: Wie verkauft man einen weiblichen Schwiegersohn?

Wir wollten weiterradeln, weiterer Regen war angesagt und er kam in Kübeln. Wir warteten bis Mittag und starteten pünktlich, als Petrus seinen größten Eimer ausschüttete. Ayvalik begrüßte uns nach fünfundsechzig nassen Kilometern mit Sturzbächen. Schnell versuchten wir uns in eine Teestube zu retten, die Männer darin zeigten sich trotz meiner Stoppelfrisur überrascht ob der Anwesenheit eines weiblichen Wesens. Der nötige Toilettengang blieb mir verwehrt, ich solle drei Gebäude weiter anfragen. Das hieß, die angetrockneten Klamotten wieder zu durchtränken, doch immerhin durfte ich mich in der nächsten Teestube hinter einem Vorhang schließlich bibbernd entlasten.

Wir marschierten durch alle Gassen, saßen mit Fischern zusammen und trafen Luis, der unseren nassen Einkehrschwung urplötzlich mit bayrischem Charme garnierte. Luis aber plagten die Sorgen. Seine Tochter lebt mit einer Frau zusammen, die beiden werden ein Kind haben und den Bayern plagt in der Türkei nicht der Gedanke, dass er bald Opa wird, sondern: „Wie erklär ich meim Stammtisch, dass des nette Mädel mein Schwiegersohn isch?"

Hi Sarah,

wir sind auf Lesbos, das ist mit dem Schiff nur knapp zwei Stunden von der Türkei entfernt, bedeutet für uns aber eine neue Welt, bzw. eigentlich eher eine Rückkehr in die alte Welt. Westanatolien im Ramadan war schon etwas spartanisch, das stellen wir aber erst jetzt und hier fest. Schön, jetzt tagsüber auch mal irgendwo sitzen und etwas essen oder trinken zu können, auf den Straßen gibt es Leben, Einkaufsmöglichkeiten... das genießen wir auch seit wenigen Stunden!

Wir sind uns allerdings nicht ganz sicher, ob wir dem Spartanischen, wie wir es neben der Türkei auch in Serbien erlebten (wenn auch dort aus anderen, nicht religiösen Gründen), nicht auch ein bisschen nachhängen. Im westlicheren Europa werden wir es wohl nicht mehr so erleben können, denken wir. Ja, jetzt liegen wieder Euros in unserem Geldbeutel und die Preise sind leider auch danach.

Hier sind wir in einem kleinen Fischerort, er heißt Panagiouda. Mytilini ist die Hauptstadt der Insel und liegt ganz nah. Wir sind zwar erst seit wenigen Stunden hier und kennen noch gar nicht viel, aber es gefällt uns! Außerdem gibt's heute nach einigen Tagen Platschregen endlich wieder Sonne, dazu ein blaues Meer. Wir waren noch nicht im Wasser, vielleicht heute Abend noch kurz, sonst morgen, wenn das Wetter mitspielt.

Wir wohnen hier in einer kleinen Ferienwohnung, hinter einer orthodoxen Kirche, alles ziemlich einfach gehalten, aber richtig nett, hell und fröhlich. Griechenland und die Griechen wirken insgesamt fröhlich, sie singen zum Beispiel bei der Küchenarbeit, haben wir schon herausge-

funden, schön. Hier bleiben wir ein paar Tage, es war schon ein Weil-
chen an der Zeit, mal wieder irgendwo zu „wohnen", will meinen sich
ein bisschen einzurichten, das Chaos aus den Taschen zu räumen, feine
Dinge einzukaufen, z. B. Jogurt und solche Dinge, die wir ja nicht im
Gepäck haben können – und hier passt das, denken wir, und freuen uns!
Im Hinterland gibt's Berge, dahinter eine Bucht und sicher noch vieles
mehr, das wollen wir von hier aus ohne Gepäck erkunden. Oder auch
mal einfach nur da sein.

1. – 4. Oktober: Euroland

Du hältst uns wieder in den Armen, Euroland, reichst uns die gelbrot-
blau behandschuhte Lidl-Hand und steckst uns vertraute Münzen in die
Tasche, die du genauso schnell wieder heraus ziehst. Eurolands Gesten
rufen sowohl einen wehmütigen Blick auf Ramadan-Tage unterschied-
lichster Färbungen hervor als auch das Gefühl des Genießens, selbst
Lidl reichten wir die Hand zum Gruß, zumal wir für unsre Tage auf
Lesbos zum ersten Mal einen Kühlschrank mit kleinen Vorräten bestü-
cken konnten. Ein komplizierter Einkauf, nicht zu viel, hieß das Motto
des Kopfes - oh, Vanillejoghurt im Kiloeimer und große Schokoladenta-
feln gibt es, lautete die Bauchmeldung. Ein schwieriges Unterfangen,
zwanzig Radkilometer in derselben Zeit wären uns wesentlich leichter
gefallen.
Auf Lesbos, nur knapp zwei Stunden mit dem Schiff von der türkischen
Mittelmeerküste entfernt, schnallten wir das Radgepäck für drei Tage
ab, genossen ein Schlafwohnzimmer mit schimmelnder Küchenzeile
und sonnigem Balkönchen und freuten uns bei den kleinen Insel-
Erkundungstouren über unsre Fahrräder, die sich wie junge Fohlen be-
nahmen, leicht und ungestüm. Der Übermut sei ihnen und uns gegönnt,
wir werden sie bald wieder an die Kandare nehmen.

Gott und die Welt

Fremde Länder, fremde Sitten. Damit verbunden fremde Weltanschauungen, fremde Riten, fremde Religionen. Noch haben wir nicht viel von der Welt gesehen, aber die bisher erlebte Vielfältigkeit beeindruckt uns schon jetzt.

Angefangen in Bayern an Mariä Himmelfahrt, ein großer Feiertag in Kochel, wo wir an diesem Tag zufällig waren. Eine feierliche Messe wurde gefeiert, die gesamte Bevölkerung legte ihre Tracht an, man unterscheidet darin sogar reich und arm, wurde uns auf Nachfragen erklärt, reicher Blumenschmuck an allen Häusern und Hüten, dass die Gärten und Wiesen leer gepflückt sein mussten. Nach dem Kirchgang eine Prozession durch den Ort, angeführt vom Musikverein in Uniform, gefolgt von zahlreichen Trachtenträgern, die sich alle sichtlich über das anschließende Volksfest mit Maß und Haxen freuten.

In Osteuropa trafen wir auf die russisch-orthodoxe Ausprägung des christlichen Glaubens. Demut prägt das Bild, das wir Fremde uns von den Kirchgängern machten, ausgedrückt in kniend ehrfürchtigen Haltungen, zahllosen Bekreuzigungen und Verbeugungen, begleitet von halblauten Gebeten auf den Lippen.

Der Islam begegnete uns in der Türkei, anfangs lauschten wir oberflächlich interessiert den Gesängen der Muezzins. Erst die Lebensweise in den kleinen Dörfern, dazu die Erklärungen und vor allem die bescheidene Haltung Umits, unseres tiefgläubigen muslimischen Gastgebers, beschäftigten uns, nun aber tiefgehend.

Jetzt in Griechenland erfahren wir eine Lebendigkeit, sowohl in den Gassen des kleinen Fischerdorfes, wo wir seit gestern gerne wohnen, als auch in der griechisch-orthodoxen Messe, die wir heute Morgen in aller Herrgottsfrühe (zu diesem Anlass passt dieser Ausdruck wirklich!) besuchten. Über eineinhalb Stunden dauerte die Zeremonie, doch die monotonen Melodien der drei Vorsänger, die uns beinahe einlullten und mir jetzt noch im Ohr sind, rissen keine Sekunde ab. Auch optisch wurde es nicht langweilig, immer wieder wurden die zahlreichen geschmückten Heiligenbildnisse der Kirche von vielen Gottesdienstbesuchern der Reihe nach gestreichelt und geküsst, dazu unzählige dünne Kerzen, die angezündet, in Salz gesteckt und wieder ausgedrückt wurden. Solche Riten sind uns fremd, nicht aber die Weihe von Brot und Salz, die der Priester unter zigfachen Verbeugungen der Gläubigen vornahm. Zu einem Erlebnis wurde dann das einfache Stück Brot, das auch wir aus dem riesengroßen Brotkorb nahmen, der herumgereicht wurde. Gleich darauf wussten wir auch, wozu die vielen mitgebrachten Becher und Tüten der Kirchgänger dienen sollten. Sowohl geweihtes Wasser als auch Brot und Salz wurden begierig gehortet und eingesteckt.

So die Eindrücke von uns Fremden, die vieles nicht verstehen und nur oberflächlich von außen beobachten können. Weitere uns noch fremdere Eindrücke werden dazu kommen, wir sind neugierig! Umit brachte es in einfachen radebrechenden Worten aber vielleicht jetzt schon auf den Punkt, sofern man an Gott glauben möchte: Egal, welches Gesicht und welchen Namen die Menschen ihrem Glauben geben, es handle sich letztendlich um ein und denselben Gott und wir seien alle seine Kinder.

6. Oktober: Peloponnes

Eine Insel wie Lesbos setzt Fahrrädern natürliche Grenzen, so dass es mit der Fähre weiter ging, die Nacht hindurch auf den billigsten Plätzen, das sind die, die man sich auf Deck erst suchen muss. Ein Moloch wie Athen mit endloser Stadtautobahn und dichter Dunstglocke setzt nach halb durchwachter Nacht zwei kleinen Radfahrern Grenzen, wir kehrten Griechenlands Hauptstadt den Rücken, wenn auch neugierig wehmütig, aber letztlich froh, der vielspurigen, hektisch hupenden Straße entronnen zu sein und ein Schlupfloch aus dem Chaos heraus gefunden zu haben. Der Golf von Korinth weist uns jetzt den groben Radweg, mit antiken Stätten, die manche griechische Sage lebendig werden lassen, mit einem steilen Küstensträßchen, das wir dank der parallel verlaufenden neueren Autobahn mit nur wenigen motorisierten Vehikeln teilen müssen, mit felsigen Stränden, einsamen Zeltplätzen und Temperaturen, die an Hochsommertage erinnern.

Hi Sarah,

uns geht's gut, wir hatten aber einen wirren, unruhigen Morgen nach langer Nacht. Planlos waren wir, hatten kaum geschlafen und seit gestern Mittag gab's nur noch Kekse zu essen. So „vorbereitet" landeten wir in Athen, einer irren Stadt, Riesenverkehr, acht Fahrspuren, Lärm, Gehupe – das macht mit dem Fahrrad nicht wirklich Spaß.

Wir fanden jetzt ein Schlupfloch raus aus diesem Moloch. Nachher geht's radelnd weiter, wir werden den Peloponnes von Ost nach West durchradeln, dabei noch ein bisschen die griechische Art das Leben zu genießen mitnehmen und die historischen Stätten hier bewundern. Wenn wir dann am westlichen Ende der Halbinsel ankommen, Patras, gibt's von dort eine Fährverbindung nach Brindisi, viva Italia!

Liebe, jetzt satte und innen wie außen wieder ruhigere Grüße, Ma+Pa

10. Oktober: Korinther 1, 2, 3

Ein kleines Buch veränderte unsere ohnehin flexiblen Reisevorstellungen ein bisschen. Ein Buchgutschein, den ich im trauten Seedorf von Harry im April zum Geburtstag geschenkt bekommen hatte, verwandelte sich in Korinth in ein Buch über griechische Mythologie und antike Kulturstätten, das uns mit Nachdruck ins Ohr flüsterte, den Peloponnes genauer in Augenschein zu nehmen. Wir gehorchten, zumal das blaue Meer und sommerliches Wetter auch Vergnügen jenseits der Kulturpfade verhießen.

Plötzlich wandelten wir auf den Spuren der Götter und Helden, unsere gewöhnlich um die hundert Tageskilometer schrumpften auf die Hälfte, spontane Stopps und Radelpausen ließen sich nicht und wollten wir nicht vermeiden! Wir spazierten über den Kanal von Korinth, den imposant tief ausgehobenen, schiffbaren Graben, der schon zu Neros Zeiten etliche Jahre in Arbeit war, letztlich aber erst seit dem 19. Jahrhundert die Ägäis mit dem Golf von Korinth verbindet. Wir radelten dreimal durch die Stadt mit dem großen Namen Korinth, einmal im Zick-zack durch alle möglichen Straßen und Gassen, dann auf der Hauptstraße zurück, weil wir nicht gefunden hatten, was unsere Erwartungen an diese Stadt vorgaukelten und zum Dritten wieder in westlicher Querung, unserer derzeitigen Ausrichtung. Trotz aller Anstrengungen hat sich Korinth nicht in unsere Herzen eingraben wollen.

Alt-Korinth gelang dies umso mehr. Relikte, wie Fundamente, Statuen oder Gefäße aus einer beinahe dreitausend Jahre zurück liegenden Zeit beeindruckten! Wird meine große blaue Blechtasse im Jahre 4806 vielleicht auch von jemandem angestaunt? Wie sehen Erde und Menschen dann aus, falls überhaupt noch existent, über welche Erkenntnisse und Technologien verfügen sie? Solche Fragen stellten sich beim Anblick einer mit mythischen Motiven bemalten Tonschale. Auf den Apostel Paulus stießen wir, der vor etlichen Jahren über das türkische Troja einen ähnlichen Weg wie wir gewählt hatte, nur dass wir glücklicher Weise nicht vor den Statthalter von Korinth gestoßen wurden. Die vage Erinnerung an Paulus' Briefe an die Korinther ließen es uns auch bewusst schätzen, heute zeitnahe SMS und Emails schicken zu können. Hätte Paulus in unserer Zeit seine Botschaften auf eine Homepage laden wollen?

Doch nicht nur Götter, Helden und ein Apostel wiesen uns den Weg, auch Tavernen, Feta und Retzina verlangten ihre Beachtung - und Globetrotter haben ein Gespür dafür, was sich als Gast in fremdem Lande gehört.

15. Oktober: Wer zu spät kommt...

...steht vor verschlossenen Toren! Ristoranti zu, Mercati zu, Campeggi zu. Verheißungsvolle Schilder versprechen uns den italienischen Himmel auf Erden, doch man lässt uns nicht rein. Wir jagen den Schildern nach, kreuz und quer, hin und zurück, sammeln zig Kilometer, aber kommen in keiner Hinsicht voran. Die Saison ist in Puglia und Basilicata im Oktober definitiv zu Ende und das bedeutet hier tiefer Winterschlaf hinter Schloss und Riegel.

Den Eindrücken am Radwegesrand hingegen öffnet das Paradies seine Pforten. Kleine Straßen durch Orangen- und Zitronenplantagen, die Früchte beginnen zu reifen, Olivenhaine, große Kakteengewächse, Palmen aller Arten und duftig riechend Buntes, das wir Biobanausen leider nicht benennen können. Obwohl uns die mediterrane Vegetation schon längere Zeit begleitet, saugen wir die Farben und Gerüche genussvoll in uns auf. Außerdem öffnet der touristische Winterschlaf andere heiß geliebte Tore, wenn uns immer wieder eine gemütliche italienische Mamma in Mantelschürze ihre leckere dampfende Pasta anbietet und beim berechtigten Lob ihrer Kochkunst gleich noch eine Portion dazu gibt. Mmmmh! Harry-Kilos und Simone-Pfunde, die in Serbien und Bulgarien vielleicht im Straßengraben landeten, haben sich längst aufgerappelt und uns blitzgeschwind wieder eingeholt.

Wer zu spät kommt...

muss sich sputen! So lautete unser Motto dann gestern Mittag, nachdem zahlreiche Telefonate zu der erfreulichen Mitteilung führten, dass hundert Kilometer weiter in Kalabrien ein Camping noch geöffnet habe. Wir traten so mächtig in die Pedale, dass wir gleich zehn Kilometer über das Ziel hinaus schossen und bei mittlerweile beginnender Dämmerung diese Strecke zurück radeln mussten. Obwohl wir dabei schönen Rückenwind hatten, zeigte sich Harry überhaupt nicht erfreut.

Tatsächlich! Ein Campingplatz empfing uns mit offenen Armen, offenen sanitären Anlagen mit warmen Duschen und sogar offenem Minimarkt! Das Paradies öffnet uns die Pforten. Das Paradies spricht deutsch. Das Paradies vieler Rentner, die hier überwintern. Das Paradies, in dem man sich herzlich um uns kümmert. In etlichen Wohnwagen wurden heute Straßenkarten und dicke Campingführer gewälzt, um uns die optimale Route auszuarbeiten. Unser Paradies? Nein. Nennen wir es unsere Zwei-Tages-Oase.

19. Oktober: Ich bin drin

Boris Becker hatte in seinem Werbespot gut reden, er brauchte wahrscheinlich niemals achtzig Kilometer um 'rein' zu kommen. Unsere vergeblichen Radkilometer hingegen summierten sich auf diese Strecke, bis wir endlich ein Internet-Cafe fanden, das erstens geöffnet, zweitens mit USB-Anschluss ausgestattet und drittens mit so leistungsfähigen Rechnern bestückt war, dass auch Bilder eingespeist werden können. Die Italiener, medientechnisch natürlich auf dem neuesten Stand, brauchen eben kein flächendeckendes, öffentliches Netz von Internetzugängen wie beispielsweise die Bulgaren, wo sich die Suche im sonst bescheidenen Land oft wesentlich erfolgreicher zeigte.

Die kommunikativen und informativen Bedürfnisse zweier Radfahrer erfahren jedoch keine Veränderung aufgrund irgendwelcher Landesgrenzen, einzig die Kilometermühen obliegen den landestypischen Gegebenheiten. Zahlreiche Radkilometer führten einmal mehr zu verschlossenen Toren unter vielversprechenden Werbetafeln. Ein anderer Versuch endete an einem Rechner, der so langsam war, dass schon drei Minuten vergingen, ehe auch nur eine Frontpage geöffnet war. Ein weiterer Anlauf führte uns zu einer Frau, die stolz ihren Rechner mit allen Anschlüssen zur Verfügung stellen wollte, aber offensichtlich so tief ins Glas geschaut hatte, dass sie in ihrem halbstündigen Monolog die Maus nicht aus der Hand gab, ziellos navigierte und darüber wohl vergaß, weswegen die beiden Gestalten in ihrem übel riechenden Zimmerchen standen. Ob sie registrierte, dass wir uns nach üppig gezeigter Geduld zielstrebig verabschiedet hatten?

Auch das heutige, letztlich erfolgreiche Vorhaben brachte doppelte Kilometerzahl. Voller Freude marschierten wir durch die offene Tür des Internet-Cafes, die Hand spielte schon begierig am Kartenlesegerät und der SD-Karte. Passaporte vernahmen unsere erstaunten Ohren. Oh, der Pass liegt im Zelt. Unsere Überredungskünste reichten nicht aus, auch ohne Ausweis ins Netz zu dürfen, zumal die Passdaten als Anmeldenamen genutzt werden. Das bedeutete schließlich denselben Weg zurück und hin zum Zweiten, zumindest für Harry. Ich ging derweil bei dem gesprächigen Verkäufer im kleinen Frischmarkt fürs Vesper einkaufen und probierte unter nettem Plaudern gerade die dritte Sorte Käse neben verschiedenen leckeren Oliven. Im Korb lag noch gar nichts, im Bauch umso mehr, als Harry auch schon wieder kam. Hatte er eine Abkürzung gefunden? Egal! Er hatte den Ausweis, wir den Internetzugang, der Rechner USB-Anschluss, Erfolg in jeder Hinsicht! Die letzten Bilder Türkei, das Album Griechenland und erste Italieneindrücke - sie sind drin!

20. Oktober

Oh Sarah,

viele Tränen gab es heute schon, mein Engel ist weg! Das liebe Maskottchen, das ich von Mam, Paps und meinen Schwestern zum Abschied geschenkt bekommen hatte. Sein Platz war in der Lenkertasche und jetzt ist er einfach weg! Ich habe bereits alles abgesucht, bin über eine Stunde zurückgeradelt, habe Leute befragt – nix. Das ist so traurig, er war mir sehr lieb und wichtig.

Liebe Ma, wie schade, das ist wirklich sehr traurig, ich kann deinen

Schmerz verstehen, aber das kann eben passieren. Im Herzen passt er
auf euch auf, egal wo er ist. Ganz liebe Grüße an euch zwei Lieben!

22. – 28. Oktober: Mafia statt Papst

Ein kleiner Ort an der Nordküste Siziliens präsentiert sich uns als un-
verhoffte Urlaubsidylle. Nach ersten zähen Herbsttagen in Süditalien,
die aber auch mit netten kleinen Oasen aufwarten konnten, empfängt
uns bei Oliveri ein plötzliches Sommerparadies. Ohne lange überlegen
zu müssen, wussten wir, dass dies der Ort ist, um die erste Etappe unserer Tour gemütlich ausklingen zu lassen, inne zu halten und Kopf und
Seele eine Pause zu gönnen, ehe es bald über den großen Teich neuen
Eindrücken und Erlebnissen entgegen gehen wird.

Der Zauber dieses Ortes lässt sich in Bild und Text kaum adäquat wie-
dergeben, trotzdem der Versuch, mit Hilfe der Schilderung einer kleinen
morgendlichen Laufrunde einige Eindrücke zu vermitteln. Wenige
Schritte über den beinahe leeren Campingplatz, schon traben die Laufschuhe weich den Sandstrand entlang der großen Lagune entgegen, mit
Blick auf die Äolischen Inseln, deren Vulkankegel sich schemenhaft im
Morgendunst abzeichnen. Die Fischer in den wenigen schaukelnden
Booten winken fröhlich, während die Möwenkolonien eher schimpfend
den Anblick einer Joggerin kommentieren und sich empört in ihre Nischen in den steilen Felsen zurückziehen. Felswände, die von einer be-
deutenden Pilgerstätte, Santuario, gekrönt werden und sich im seichten
Wasser angrenzender kleiner Seen mit der Kopf stehenden Kirche mo-
saikartig spiegeln. Mehr als einmal musste ich stehen bleiben, nicht
etwa, weil die Puste für ein morgendliches Läufchen plötzlich nicht
mehr ausreichen wollte, sondern zum Schauen und Staunen. Der Weg
zurück öffnet den Blick auf seine Majestät Ätna, der genüsslich den
Qualm seiner Morgenzigarre ausstößt. Vor diesem Panorama raus aus
den Laufschuhen, rein ins Meer - so wächst der Frühstückshunger ins

Unermessliche.

Die uns umgebenden Berge führten schon bald zu einem Kribbeln in unseren Füßen, dem wir gerne Folge leisteten. Ein Pfad durch Kakteen- und Olivenhaine windet sich einsam hinauf zum Santuario, umso mehr überraschte uns der Anblick kitschiger Souvenirläden auf den allerletzten asphaltierten Metern. Keine Sekunde konnten uns diese aufhalten und gerade noch rechtzeitig vor der unumgänglichen Siesta statteten wir der Schwarzen Madonna im Innern der Kathedrale unseren Besuch ab. Die Neugier trieb uns den Weg weiter und belohnte uns! Das Teatro Greco und die römischen Anlagen, die wir im nächsten Ort unten am Meer wähnten und mit dem Rad erkunden wollten, liegen auch auf "unserm" Berg. Die alten Griechen und Römer hatten offensichtlich ein sicheres Gespür dafür, wo es sich gut leben lässt. Wir zeigten immerhin ein Gespür dafür, wo man eine kleine Halbtagestour in einen schönen Tagesausflug mit interessanten Eindrücken und Ausblicken verwandeln sollte.

Rauchen, qualmen, spucken und speien – alltägliche Aktionen des Vulkans Stromboli, den wir besuchten. Ein Inselchen mit zwei voneinander abgeschotteten Dörfern, eines mit dreißig Einwohnern, bis vor zwei Jahren ohne Strom und dem kleinsten, im Guinessbuch beschriebenen Hafen der Welt. Überkrönt wird dieser Archipel von den fast tausend Meter hoch liegenden Vulkankaminen, die immer wieder Gesteinsbrocken und rot glühende Lava-Fontänen in die Luft schleudern. Mutter Erde öffnet ein winziges Spältchen und demonstriert ihre unermessliche Kraft, ein eindrucksvolles Schauspiel!

Schon die Griechen und Römer, Karthager und Normannen waren von der Idee angetan, auf Sizilien zu verweilen. Auch für unsere beiden Drahtesel böte sich dies an, geht uns plötzlich durch den Kopf, wollen wir doch im Winterhalbjahr mit einem Round-the-World-Ticket die Südhalbkugel unserer Erde erkunden. Wo aber sollen wir unsere Fahrräder abstellen, die bei einem solchen Ticket nicht befördert werden? Unser ursprünglicher und flapsig formulierter Plan lautete, in Rom nach einer Unterstellmöglichkeit zu suchen – beim Papst müssten sie ja eigentlich sicher sein. Nicht, dass wir Papst Benedikt plötzlich unser Vertrauen entzogen hätten, aber wer weiß, ob sich das katholische Oberhaupt bei seinem vollen Terminplan überhaupt um zwei schmutzige Trekkingräder kümmern möchte? Wir lassen unsere lieben zweirädrigen Reisekumpane lieber in Oliveri ihren Winterschlaf antreten, der knorrige Zeltplatzchef will ihre Träume gut bewachen und wir freuen uns jetzt schon darauf, sie in Sizilien zur Zeit der Mandelblüte wieder aufzuwecken.

Menschen

Über viertausend Radkilometer, zehn Länder und ungezählte schöne Begegnungen liegen hinter uns. Am Ende des ersten Abschnitts unserer Tour schweifen der Blick und die Gedanken zurück, bleiben an besonderen Situationen hängen und vor allem die spannenden Begegnungen mit so verschiedenen Menschen sind es, die diese Situationen prägen. Gesichter, die wir nicht auf Zelluloid oder Speicherkarte bannten, aber in der Seele tragen.

Die stolze bayrische Dreigenerationenfamilie in imposanter Tracht, die Frauen mit Rosenbukett im Ausschnitt. Der Familienvater schwärmte detailliert davon, mit seinem Faltboot auf der Donau zum Schwarzen Meer zu schippern, er vermittelte den Eindruck, dass es dieses Jahr noch losgehe. Im Laufe des Gesprächs erfuhren wir, dass vom Faltboot bisher nur ein Bauplan existiert. Traugott und Marion im Bierbrunnen, die uns mit Internet-Anschluss und genialem Frühstück verwöhnten, wie wir es uns später manches Mal leider vergeblich wünschten. Der pensionierte Journalist auf dem Campingplatz bei einer ungarischen Therme, mit luxuriösestem Wohnmobil, das er den ganzen Tag zu putzen schien. Er interessierte sich sehr, fragte uns professionell aus, immer Kopf über auf dem Dach hängend, um irgendein Ritzchen noch zu säubern. Mirko, ein Kellner in Serbien, dessen einzige Gäste wir waren. Für umgerechnet 150 Euro im Monat arbeitet er jeden Tag bis Mitternacht und betreibt zu Hause noch eine kleine Landwirtschaft um die vielköpfige Familie er-nähren zu können. Im Verlauf des Abends schüttete er uns sein Herz aus und vergaß darüber ganz, dass wir die serbische Sprache eigentlich gar nicht verstehen. In Bulgarien bleiben die Gedanken an dem für uns na-menlosen alten Paar hängen, das abends mit dem Eselwagen und weni-gen Maiskolben auf der Pritsche glücklich und zufrieden vom Feld nach Hause zottelte. Im selben Ort Stjepan, der ein ehemaliges kommunisti-sches Feuerwehrhaus in Jahre langer Arbeit mit Liebe zum Detail in ein wirkliches Kleinod im altbulgarischen Stil verwandelt. Petra in der Is-tanbul-Reisegruppe, die es lachend für einen gut gelungenen Scherz hielt, als wir zaghaft meldeten, mit dem Fahrrad eingereist zu sein. Umit und seine Familie, unsere muslimischen Gastgeber. Dann die Franzosen auf dem sonst Menschen leeren Campingplatz in Griechenland, zu viert hausten sie beengt im Wohnmobil und wollten uns trotzdem mitsamt unserer großen Fracht bis Patra mitnehmen, da ihnen der Dauerregen für zwei Radfahrer unzumutbar schien.

Die Mamma mit der so leckeren Pasta in Kalabrien, ihre Erzählfreude dehnte unsere Mittagspause auf annähernd drei Stunden aus. Simone und Jürgen in Coregliano und der witzige Zufall, dass die ersten Deut-schen, die wir nach etlichen Wochen trafen, dem Motorradclub Hardt angehörten. Hier auch die Überwinterungsrentner mit ihren wertvollen Ratschlägen und Informationen bei der Suche nach geöffneten Zeltplät-zen. Nur wenige Tage zurück blickend streifen die Gedanken Jürgen, unseren Radbeschützer mit deutscher Mentalität und sizilianischem Herzen. Chronologisch zuletzt erwähnt, aber ganz im Sinne von "last but not least", die schöne Erinnerung an unsere jüngsten Kontakte in

Oliveri mit dem Gefühl, neue Freunde gefunden zu haben.

Die letzten Tage des Innehaltens boten Raum und waren in der Rückschau auch notwendig, den vielen Erlebnissen und Gefühlen der vergangenen Wochen nachzuspüren. Kopf und Seele arbeiteten sich frei. Frei und begierig, neue Eindrücke rund um die Welt zu sammeln!

29. Oktober – 3. November: Ein Wiedersehen

Früh starteten wir mit unserem aus Radgepäck zusammen gebastelten, rucksackähnlichen Gebilde, das sich schnell als äußerst unangenehm und schmerzhaft zu tragen entpuppte. Die Fähre brachte uns von Palermo nach Civitavecchia, weiter ging es mit dem Zug nach Rom. Hier bezogen wir auf einem Zeltplatz entzückt ein nettes Chalet für vier Personen – wir freuten uns auf Besuch. Sarah und Sebi! Zu viert erkundeten wir Rom, genossen unseren Aufenthalt in dem kleinen Chalet, kochten zusammen, erzählten und genossen die gemeinsamen Tage, bevor es weiter gehen sollte Richtung Südamerika.

3. November: Aufbruch in die „Neue Welt"

Unser letzter Tag mit Sarah und Sebi, der Tag, der für uns den Aufbruch in die „Neue Welt" bedeutet.

Wir ließen es gemütlich angehen, mit Packen, langem Frühstück draußen in der Sonne und gingen bummeln, wo Sarah vergeblich eine Jeans suchte und ich erfolgreich eine kaufte. Ein paar Tränen gab es schließlich beim Abschied, ist es doch eine lange Zeit, bis wir uns wiedersehen werden, aber das Herz ist fröhlich dabei. Bezeichnend unsere Fahrt zum Flughafen, einer golden untergehenden Sonne entgegen, im Radio lief „Hotel California". Ich werde bei diesem Lied immer an diese Situation denken.

Wir hatten eine tolle erste Etappe und so schöne, harmonische Tage mit Sarah und Sebi, ein Reichtum für die Seele - und die Freude aufs Neue ist riesig.

5. November: Simone in Santiago, Rucksack in Madrid, Harry im Kloster

Nachdem der erste Flug nach Madrid sich wegen irgendeines Fluzeug-defekts erheblich verspätet hatte, mussten wir uns ganz schön sputen, den Anschlussflug nach Santiago de Chile noch zu erwischen. Uns gelang es. Meinem Rucksack aber offensichtlich nicht, denn das Warten am Gepäckband entpuppte sich als vergebliches Unterfangen. Der Rucksack stecke noch irgendwo Madrid, hieß es nach längerer Recherche, er käme morgen. Das hoffe ich!

So gab es gestern eine lustige Modenschau, in der ich etliche Klamotten von Harry anprobierte um endlich etwas Frisches am Leib zu haben. Gerade bei einer besonders gelungenen Präsentation mit weiter kurzer Pluderhose kam Padre Matteo um uns das Abendessen zu bringen. Richtig gelesen, Padre! Wir wohnen in einer Zelle im Kloster Monasterio Benedicino de las Condes auf einem Hügel außerhalb Santiagos, staunen über den Lebensrhythmus und die Gewohnheiten hier und tasten uns vorsichtig an die neue Kultur, die Normen und Gepflogenheiten heran.

6. November: Stadtluft und Klosterleben

Santiago, Chiles weit ausgedehnte, pulsierende Metropole, unterscheidet sich von den europäischen Großstädten kaum, was die Hochhaussilhouetten oder die Hektik des vielspurigen Verkehrs anbelangt, außer dass hier klapprige Busse statt chromblitzender Limousinen das Straßenbild prägen. Die gänzlich andere Atmosphäre rührt vielmehr daher, dass das Leben auf den Straßen so fröhlich und quirlig wirkt, die Menschen sich so spontan und impulsiv verhalten. Überall Straßenkünstler der verschiedensten Metiers, überall finden sie ein großes Publikum, das begeistert staunt oder mitmacht. Santiago scheint in einem eigenen Rhythmus zu ticken, der die Fußgängerzonen und Plätze, die Einkaufspassagen und Straßencafes durchströmt und sich im Takt der Passanten fortsetzt.

Zum Stadtbezirk gehörig und trotzdem ganz abgeschieden eine eigene kleine Welt bildend liegt das Kloster Benedicino, das nicht nur bloße Herberge bot, sondern uns herzlich und fürsorglich unter seine Fittiche nahm. Die Stadtmenschen schätzen die Stille hier, erzählte uns Pater Angelus, Ältester in der Gemeinschaft der Padres und aus Dunningen stammend. Tatsächlich atmet man im streng strukturierten Tagesrhythmus des Klosterlebens eine Ruhe und Spiritualität, die auch vor zwei oft aktionshungrigen Sabbattouristen nicht halt macht und durchaus wohl tut.

Daneben die Natur, die uns eindrucksvoll vor Augen hält, was der Frühling im November auf der Südhalbkugel alles zu bieten hat. Der Blick aus unserer als Zelle bezeichneten, einfachen kleinen Wohnung wird vom satten Lila üppiger Lavendelstauden eingefangen, daneben blüht ein Meer weißer Rosen, umrahmt von blauen, hochgewachsenen Blumenkelchen, an deren Bezeichnung ein Bio-Banause wieder einmal scheitert. Am Horizont schieben sich sechstausend Meter hohe, Schnee bedeckte Gipfel durch den Dunst, wie klein werden plötzlich die Alpen! Frische Erdbeeren und Spargel wecken heimische Frühlingsgefühle, Früchte wie Chirimoya oder Lucuma rufen selbst im Neonlicht der Supermarktregale: Wir sind in Südamerika!

10. November: An der Pforte Patagoniens

Bei einer Nord-Süd-Ausdehnung von über elftausend Kilometer muss man in Chile große Sprünge unternehmen, um in den Süden zu gelangen. Der erste Tausendkilometer-Hüpfer ab Santiago führte uns nach Puerto Montt, letzte durch die Panamerikan auf dem Festland verbundene Stadt und Ausgangspunkt für Expeditionen zu den Gletscherriesen Patagoniens, die nur auf dem Wasserweg erreichbar sind.

Nicht weit entfernt thronen Schnee bedeckte Vulkankegel, zu deren Füßen zahlreiche Seen um die Wette glitzern. Die kleinen, einfachen Holzhäuschen in den verschiedensten kräftigen Farben verleihen dem Stadtbild ein frisches Aussehen. Vorgelagert findet sich die Insel Chiloë, welcher in Südchile auf Grund ihrer Traditionen und Mythologien eine große Bedeutung zukommt. Märkte mit bunt gestrickten Kleidungsstücken, Fischstände, an denen die Meerestiere am Holztresen ausgenommen und in kleinen Garküchen zubereitet werden, lange Schnüre mit getrockneten Meeresfrüchten oder Curanto, in unserer Betitelung eine Art chiloëtischer Schlachtplatte, die über Stunden hinweg in einem mit Blättern abgedeckten Erdloch zubereitet wird, vermitteln uns neben gut gefülltem Bauch einen kleinen Einblick in die Welt der Mapuche, Ureinwohner dieser Region. Daneben zahlreiche einfache Holzkirchen, Zeugnisse der Missionierungsbestrebungen, die durch ihre kindlich wirkende Ausstattung mit naiven Bildnissen und Statuen einen ganz eigenen Charme entwickeln. Zahlreiche Ziele in der Umgebung locken uns, von den kulinarischen Meeresgenüssen ganz zu schweigen, bevor es weiter geht, der Antarktis entgegen.

16.-19. November: Eine Seefahrt, die ist lustig…

Dieses Lied wollten nicht mehr alle anstimmen, die wie wir mit der MS Magellan drei Tage lang dem Süden Patagoniens entgegen schaukelten. Die Abreise hatte sich um einen Tag verzögert, da im derzeitigen Sturm ein anderes Schiff kenterte und die MS Magellan zu Hilfe eilte. Leider vergeblich, es gab keine Überlebenden.

Die Fahrt an Chiloé vorbei ließ sich harmlos an, doch als der offene Pazifik mit seinem ganzen Temperament die Schiffsreise achtzehn Stunden lang in eine Achterbahnfahrt verwandelte, zeigte sich schnell, dass nicht viele über einen robusten Magen verfügten. Wir zählten wieder zu den Glückskindern! So konnten wir den rasanten Wellentanz in vollen Zügen genießen, waren Gäste beim Kapitän auf der Brücke, fühlten die Schwerelosigkeit beim Sturz ins Wellental, staunten über die viele Meter hohe Gischt, die das gesamte untere Deck überflutete und Harry nahm sogar in zwölf Metern Höhe auf der Reling eine Wellendusche, die seinen Regenklamotten das Ultimum abverlangte.

Das Abendessen erinnerte an eine Szene aus dem Titanic-Film, als mit einem mächtigen Rutsch etwa achtzig gut gefüllte Teller Spaghetti Bolognese über die Tische rutschten und zu Boden krachten, etliche Stühle umfielen und sich auch nicht mehr alle Menschen auf den Beinen halten konnten. Wer sich noch wohl fühlte, trug es mit Humor, man begann zu frotzeln, wenn auch bei uns Land-Eiern begleitet von einem beklommenen Gefühl. Am nächsten Tag war der Spuk vorbei, der Weg führte wieder geruhsam durch einsame Fjorde und ein dickes, spannendes Buch fehlte leider im kleinen Rucksackgepäck. Willkommene und imposante Abwechslung boten kleine Eisschollen und Pio II, der größte Gletscher auf der südlichen Hemisphäre, vor dessen Ausmaßen sich unser stattliches Schiff wie ein kleines Hüpferchen ausnahm. Heute angekommen in Puerto Natales, machen wir uns morgen früh über 150 Kilometer Schotter auf den Weg in die Torres del Paine, gespannt, was uns auf einer vier- bis fünftägigen Trekkingtour im Mekka Patagoniens alles erwarten und entzücken wird.

Hi Sarah,

bitte mach dir gar keine Sorgen, wenn du jetzt eine Weile nichts von uns hören solltest, ich glaube das Netz wird am Ende der Welt (so wird die Magellan-Region, wo wir hin schiffen, tatsächlich betitelt) immer dünner, außerdem sind wir mal für eine ganze Zeit noch weiter draußen auf offener See.

Ein paar Infos zu userm Schiff? Es hat einige Lastwagen mit Fracht im Bauch, darüber sind Kabinen, wir haben allerdings keine, sondern die billigsten Plätze, das sind etliche kleine Pritschen mit gemeinsamer Toilette und Bad, alles sehr eng aber okay. In einem Speisesaal gibt's Essen, in zwei Gruppen hintereinander, Organisation und Atmosphäre wie in einer Jugendherberge mit Vollverpflegung. Dann gibt's noch einen Aufenthaltsraum mit Kaffee- und Getränketheke, der ständig überfüllt ist, wie auch das ganze Schiff überladen scheint. Das Schiff schaukelt mal mehr, mal weniger, jetzt wieder mehr, volle Gläser gibt's hier nicht. Ich glaube, seekrank zu sein macht hier gar keinen Spaß, das muss man dann ja bis Freitag ertragen! Für morgen hat der Kapitän allerdings schon angekündigt, dass manche die Fische füttern werden, da haben wir weiter draußen auf dem Pazifik zu schiffen und dort geht's wohl noch heftiger auf und ab.

Es soll hier noch viel zu sehen geben, Fjorde, Eisriesen, vielleicht Wale, zwei Meerengen durchschiffen wir, an einem vor fünfzig Jahren auf einem Fels aufgelaufenen Schiff soll's vorbeigehen... Ich bin gespannt! Falls es das Wetter noch erlauben sollte, (im Moment tut es das nicht, kam vorhin eine Durchsage, morgen gibt's weitere Infos), können wir am Donnerstag ganz früh ein Weilchen an Land gehen, werden mit Fischerbooten von userm Schiff abgeholt, nach Puerto Eden, ein kleines Dorf der Ureinwohner, deren einzige Verbindung zur Außenwelt dieses Fährschiff ist, das einmal pro Woche vorbei kommt. Unvorstellbar, oder? Mit dem Geld, das durch diese Besuche reinkommt, hält sich das Dorf am Leben.

So schaukeln wir jetzt also auf dem Schiff, man hat hier ganz viel Zeit und ich leider kein spannendes Buch. Aber immerhin die Reise- und Sprachführer, die du uns mitgebracht hast, dann tu ich halt was für meine Spanischkenntnisse oder les das so überaus spannende Englischwörterbuch durch.

Während bei euch die Tage immer kürzer werden, werden sie hier immer länger, schon in Puerto Montt war es bis halb zehn noch hell und jetzt fahren wir ja noch mal fast zweitausend Kilometer in Richtung Süden, rechnet mir Harry eben vor. Vielleicht wird's gar nicht richtig dunkel da unten? Keine Ahnung.

So haben wir eine ganz sonderbare Mischung von spannend und ein bisschen langweilig, das ist schon komisch, auf jeden Fall geht's uns aber ganz gut dabei!

Mag dich ganz lieb grüßen und drücken,

Harry grüßt und drückt auch,

Ma

Das war am 14. November, jetzt ist der 16., und ich konnte dir die Nachricht noch nicht schicken, wir hatten seither kein Netz. Gestern hatten wir so hohe Wellen, dass das Schiff Sätze wir bei einer Achterbahnfahrt machte. Sicheres Gehen ohne sich irgendwo festzuhalten war nicht mehr möglich. Da brauchte man wirklich einen stabilen Magen - wir hatten ihn zum Glück! Abends flogen noch die Teller und etwa achtzig Portionen Spaghetti mit Soße krachend auf den Boden, offensichtlich hatten der Kapitän und sein Küchenpersonal auch nicht mit ganz so viel Seegang gerechnet - ein prächtiges Szenario. Jetzt wackeln wir wieder ganz ruhig durch wolken- und nebelverhangene Fjorde, einen riesig großen Gletscher konnten wir heute Mittag bestaunen und heute Morgen waren wir ein Stündchen in dem Fischerdörfchen - endlich mal wieder etwas Bewegung, wenn auch nur in Form eines Spaziergangs - du siehst, unter welchen Bewegungsentzugserscheinungen man nach drei Tagen herumsitzen und herumstehen leidet.

Jetzt bin ich mal gespannt, wann die Mail raus geht. Vielleicht gibt's noch einen Zusatz? Lieber nicht, ich möchte dir jetzt Nachricht schicken, vielleicht machst du dir doch ein bisschen Sorgen, nachdem du so lange nichts mehr von uns gehört hast?

21.-25. November: Torres del Paine

Unsere Tage im Nationalpark Torres del Paine begannen mit heftigem Sturm und einer dadurch ausgelösten billigen Kopie der Franziskaner-Werbung, als ich mit schwer beladenem Rucksack meiner davon flatternden Regenhülle nachhechtete, woraufhin mein Rucksack-Riesenbaby mich einfach hinterrücks überrollte und kopfüber unter sich begrub. Seither schmückt ein Fragment indianischer Kriegsbemalung meine linke Stirnhälfte, gut verdeckt von langen Fransen. Zum Glück hielt dieser Sturm nicht die ganze Zeit an, von dieser Region wird ohnehin behauptet, dass man alle vier Jahreszeiten innerhalb einer Stunde erleben könne. Ganz so wechselhaft zeigte sich die Witterung nicht, doch hielt sie während der letzten vier Tage von herbstlich anmutenden Nebelschwaden über winterliche Graupelschauer bis hin zu einem herrlich warmen Frühlingstag mit strahlender Sonne alles bereit. Einzig die Nächte bewiesen eiserne Konstanz mit klirrenden Temperaturen, denen frierende Menschen im Zelt auch mit Skiunterwäsche, zwei Pullis, Fleece- und sogar Regenjacke unter zwei Schlafsäcken kaum trotzen konnten. Selbst Harry zog sich den Schlafsack mit zusätzlicher Decke bis über beide Ohren.

Vielleicht zeigen wir uns von den Alpen zu sehr verwöhnt, jedenfalls konnten uns die nicht übermäßig spektakulären Wanderpfade des viel gerühmten Nationalparks kaum beeindrucken. Überwältigend jedoch die optischen Reize mit senkrecht in den Himmel ragenden, auf Grund ihrer verschiedenen Gesteinsarten in ganz unterschiedlichen Farben schimmernden Felstürmen neben zahlreichen Seen, die mit jeweils eigenen satten Blautönen schöne Kulissen abgeben. Rot leuchtende Feuerbüsche, die jetzt in voller Blüte stehen, setzen weitere Kontraste, wie auch die über fünfzig Meter dicken Eis- und Schneemassen, von denen sich immer wieder riesige Brocken lösen und unter donnerndem Getöse herunter stürzen.

Weniger begeistert zeigte sich unser Schwabenherz ob der zu entrichtenden Eintrittsgebühr und der relativ hohen Preise für Unterkunft und Verpflegung in den Herbergen. Mit Zeltübernachtungen und mitgebrachten, mühsam getragenen Proviantpaketen konnten wir uns dem aber größtenteils entziehen. In dieser Hinsicht zeigt sich die Infrastruktur des Parks als Backpacker-Paradies! Ausgewiesene Camping-Areale zum Nulltarif, bei Bedarf kann sogar die Zeltausrüstung zu moderaten Preisen ausgeliehen werden. In jeder Hütte wird nicht nur kaltes und heißes Wasser kostenlos zur Verfügung gestellt, auch darf eigenes Vesper ausgepackt und sogar das Abendessen gekocht werden, wozu in der Regel ein Gasherd bereit steht. Eines unserer auserlesenen Menüs, das wir unter neugierigen Blicken und munterem Geschwätz der Hüttenwirte sogar in der hauseigenen Küche unter Benutzung sämtlichen Zubehörs zaubern konnten, hieß mal wieder Nudelsuppe mit Kartoffelbrei, unsere heiß geliebte schwäbische Komposition, die nicht nur die Chilenen zu beeindrucken schien, sondern bald auch in San Francisco auf dem Tisch stehen wird, wie unsere US-amerikanischen "Abendfreunde" amüsiert ankündigten.

Torres del Paine - grandiose Gegend, farbenprächtige Bilder, Kondore, die hoch am Himmel kreisen, müde Beine nach vielen Kilometern auf gut beschilderten Bergpfaden, schöne internationale Kontakte - aber ohne Sprung in die Top Ten der Orte, die wir unbedingt noch mal besuchen wollten.

27. November: Wie man sich bettet...

...so liegt man. Hier in Patagonien, egal ob auf chilenischem oder argentinischem Territorium, gibt es viele Möglichkeiten, sich zu betten und man liegt meist nicht schlecht. In den Torres del Paine wählten wir das Minizelt, das eiskalte Temperaturen und zwingend enge Kontakte bereit hielt, hatten doch neben zwei Menschen im dreifachen Schlafsack nicht mal mehr unsere Riesenbaby-Rucksäcke Platz.

Tief im Süden an der Magellanstraße, wo man nach Campingmöglichkeiten keine Ausschau mehr halten muss, wurden wir schon an der Bushaltestelle von etlichen Frauen angesprochen, die ein Zimmer in ihrer Wohnung feil boten. Das billigste, etwas außerhalb gelegen, erwies sich als gute Wahl! Mama Isabel hatte große Holzöfen im Erdgeschoss stehen, die, wenn man die Tür offen stehen ließ, auch noch unsere Kammer eine Etage höher wärmten. Ihre Küche, in der immer kochend heißes Wasser auf dem großen Plattenofen bereit stand und irgend etwas dampfend eingekocht wurde, stand jederzeit mit sämtlichem Zubehör zur Verfügung und morgens konnten wir am großen Tisch mit internationaler Besetzung die frisch eingekochten Früchte auf das leider übliche Gummibrot streichen. Während am Frühstückstisch vor allem englisch gesprochen wurde, plapperten die rundliche Mama Isabel und ihre fast zahnlose Gehilfin im recht eigenartigen Südchile-Spanisch munter dazwischen. Kein Mensch verstand diese Wortschwalle, aber am Ende gab's immer viel zu lachen. Für Deutschland sicher unvorstellbar, dass wir hier das Etagenbett-Zimmer mit Bad, Küchenbenutzung und Frühstück für umgerechnet zwölf Euro bewohnten! Bei kurzer Zwischenstation in Puerto Montt übernachteten wir in einer Wellblechhütte, direkt unter dem niedrigen, gerundeten Dach, fanden aber auch hier ein Bett und einige Tropfen warmes Wasser im Kommunenbad.

Jetzt in Argentinien, in San Carlos de Bariloche, ereilen uns beinahe schweizerische Gefühle, so sehr gleichen die idyllische Bergwelt, die schmucken Holzhäuschen und die hier ansässige Schokoladenindustrie, deren Umsatz uns heute sehr am Herzen lag, unserem Nachbarland. Am Berghang wohnen wir hier, in einem einfachen Bungalöwchen auf vier Halbetagen, mit schönem Blick auf den dunkelblauen Lago Nahuel Huapi. Für Menschen, die einen Argentinienurlaub in Betracht ziehen, sei es vermerkt, Deutschlands einfachste Campingplätze sind teurer.

Wie sieht unser "Alltag" hier aus? Wir suchen die Wanderpfade, mieten Fahrräder und kochen so üppige Portionen Pasta, dass wir, schon allein um die Reste zu vertilgen, noch einige Tage länger bleiben müssen. Schön ist die Sabbatwelt!

30. November: Rad ist nicht gleich Rad

Die Fahrradentzugserscheinungen wuchsen von Tag zu Tag und die Gegend lud uns mit Nachdruck ein, also leisteten wir dem Gelüste Folge und mieteten Mountainbikes. Unsere beiden Flitzer zeigten sich auch gar nicht müde und begannen auf den ersten Metern schon zu hüpfen, zum einen, weil die Gangschaltung ihren eigenen Willen zeigte, zum andern, weil ein satter Achter das Vorderrad schmückte. Der seltsam gekrümmte Sattel stammte wohl aus einer mittelalterlichen Folterkammer und rutschte mit jedem Schüttelkilometer um einige Zentimeter nach unten. Nach wenigen Kilometern sehnten wir uns schon nach einer Pause, kein Gedanke mehr an die gewohnten vierzig bis fünfzig Kilometer Warmradeln bis zum allerersten Halt. Wir kämpften uns trotz allem durch unsere Tour, zum Teil über Stock und Stein auf menschenleerer Rüttelpiste, genossen das Radfahren in genialer Natur, aber mehr noch die Pausen, und wissen jetzt zwei Dinge: Argentinien ist toll und unser eigenes Fahrrad auch!

Sinfonie der Farben

Falls der liebe Gott je gestolpert sein sollte, dann über seinen Farbtopf, als in der Schöpfung Patagonien an der Reihe war. Während unser erstes Reiseziel, Chile, schon über die Maßen faszinierte, entpuppt sich unser mittlerweile ausgedehnter Abstecher nach Argentinien als Superlative. Ein Reichtum an Blumen und Blüten in kräftigsten Farbtönen vor dunkelblauen Seen mit weißer Bergkordillere und steilen Felsen, daneben dunkle, dichte Wälder mit uralten, knorrigen Bäumen oder den hoch gewachsenen Arrayanes, die nur hier gedeihen - ein Rausch der Sinne!

6. Dezember: Manche Uhren ticken anders

Wer Spenglermenschen kennt und zu begreifen versucht, weiß schon, dass Zeit ein ziemlich dehnbarer Begriff sein kann. Dies entspricht aber allenfalls einem Schnupperstudium in Sachen Zeitmanagement. Die Grade eines Doktors oder gar Professors lassen sich erst in Südamerika erreichen, hier allerdings problemlos, ohne jede Anstrengung, keine Einschreibung, keine Studiengebühr. Der zu bezahlende Zoll heißt einzig Geduld. Wir stecken mitten drin, in diesem Studium, die Proseminare sorgen höchstens noch für ein Lächeln, die Hauptseminare für Staunen und Flexibilität. Egal, ob man auf den einfachen Stadtbus wartet oder einen größeren Sprung unternehmen möchte, der Blick auf die Uhr erübrigt sich.

Mit dem ohnehin zeitlosen Collectivo, ein immer überfüllter Alle-Sammel-Schüttel-Bus, angereist, hatten wir heute noch eine Viertelstunde Zeit am Terminal, um die Tickets für die Weiterreise zu kaufen und unsere Babys im Gepäckfach zu verstauen. Eigentlich kein Problem, zumal es überraschenderweise keine der üblichen Schlangen vor dem Schalter gab. Die Dame wünscht unsere Pässe, la voilà, schon da. Das Telefon klingelt, sie muss viel erzählen. Zwei Männer arbeiten krawattengeschmückt ebenso in diesem Büro, ihre Aufgabe ist es aber offensichtlich, das Telefon und die Dame zu inspizieren, einzig ein Augenzwinkern springt für uns raus. Nach knapp zehn Minuten war das fröhliche Telefongespräch auch schon beendet, die übliche Schlange jedes Schalters längt geboren und zu ansehlicher Größe herangewachsen. Niemand wollte es unserer Lady verübeln, dass sie nach ihrer kommunikativen Anstrengung die Toilette aufsuchen musste. Kaum zurück, entdeckte sie auch schon unsere brach liegenden Pässe und keine Viertelstunde später hatten wir unsere Tickets. Die Abfahrtszeit unseres Busses war natürlich längst verstrichen. Keine Sorge! Der Bus stand noch da, und er stand auch noch, als wir längst alles verstaut hatten und in unseren Sitzen schönen Träumen nachhingen.

13. Dezember: Der Berg ruft

Schon seit Tagen vernehmen wir es laut und deutlich, das lockende Rufen des aktiven Vulkans Villarrica, an dessen Fuße wir in Pucon unser Basislager aufgeschlagen haben. Seit Tagen schrillt unser Wecker frühmorgens um halb sechs, woraufhin unser erster verschlafene Blick dem Wetter gilt, denn nur bei guten Bedingungen kann die Tour auf den 2900 Meter hohen Kegel unternommen werden. Seit Tagen begrüßen uns starker Wind, Wolken und Regen, nicht die gewünschten Konditionen, doch die Hoffnung stirbt bekanntlich zuletzt, wir schnüren die Wanderstiefel, packen unsern Rucksack mit Grödel, Eispickel, Helm und Vesper, machen uns trotzig auf den Weg und warten die Informationen der Basisstation ab um später enttäuscht den Rückmarsch wieder anzutreten. No es possible. Der Berg ruft und wir dürfen dem Ruf nicht folgen.

Das Alternativprogramm führt uns zu heißen Thermalquellen und urtümlichen Moorbädern, in einen primitiv gesicherten Hochseilgarten, lässt uns die Nebelrealität mit der Postkartenidylle vergleichen und schließt auch einen Pub-Besuch am wärmenden Holzfeuer, wo ein Homepage-Bericht schnell aus den Fingern fließt, mit ein.

14. Dezember: Südamerika

Was macht den Reiz Südamerikas aus? Was lässt uns den Aufenthalt hier spontan um drei Wochen verlängern? Schwierig, die reichhaltigen Eindrücke in Worte zu fassen, vielleicht bringt eine Schilderung der aktuellen Situation ein bisschen südamerikanisches Ambiente in Europas adventsbekränzte Wohnzimmer. Fußballübertragung gibt's heute, Harry sagt, es sei das Endspiel in der amerikanischen Champions-League. Schon den ganzen Tag sahen wir vorfreudige Menschen irgendwelche Kabel verlegen und Leinwände oder Bildschirme an allen möglichen Plätzen aufstellen. Die Pubs sind jetzt überfüllt mit fiebernden Gästen, schon beim Reingehen gab's für uns Fremde eine herzliche Umarmung, weil die chilenische Mannschaft führte. Leider war die Führung nicht von Dauer, ein ganzes Land trauert.

Das macht den Zauber aus, man versucht mal recht, mal schlecht sich einzurichten, aber immer mit Herz und einer Begeisterungsfähigkeit, die ansteckt. Dazu die Natur, Berge, Vulkane und Eis, die überwältigende Tier- und Pflanzenwelt. Nicht nur Harry, auch ein Fastvegetarier lernt hier die Steaks zu schätzen, die jedes europäische Angebot weit in den Schatten stellen.

Nach längerem Aufenthalt scheint uns Chile eine Sonderstellung in diesem Kontinent einzunehmen, ein bisschen organisierter, ein bisschen touristischer, ein bisschen teurer, trotz allem mit europäischen Augen betrachtet faszinierend. In Argentinien liegen Pomp und Elend näher beieinander. Nur wenige Kilometer neben dem schmucken Dörfchen entdeckten wir im dichten Wald ein Mapuche-Dorf mit armseligen Hütten, vielen Hühnern und noch mehr Hunden, wo der Fotoapparat in der Tasche blieb, da wir das Gefühl hatten, die Menschen damit zu verletzen.

Unsere Tage hier sind gezählt, vielleicht sagen wir mit tollem Rückblick 'Ade' zu Chile, aber sicher nur 'Auf Wiedersehen' zum großen Rest Südamerikas, uns so sympathisch, noch vieles unentdeckt, so reizvoll, wir kommen wieder, bis dann!

18. Dezember: Das entlegenste Rätsel der Welt

Osterinsel - schon allein der Name birgt ungeheuren Reiz, der Ort, der am weitesten von jeglichem anderen Festland entfernt ist und in jedem Atlas über den Rand hinaus zu hüpfen scheint. Die nächsten, aber weit entfernten Nachbarn Chile und Polynesien grüßen aus über viertausend Kilometern diese einsame Insel, deren einziges bewohntes Dorf mit 3700 Einwohnern sich tapfer Hauptstadt nennt und tatsächlich eine gepflasterte Straße neben etlichen Holperpfaden aufweist. Meterhohe Wellen peitschen krachend an die schroffen Klippen, azurblauer Pazifik mit weißer Gischt, ein Konzert und Augenschmaus, die süchtig machen sollen, wie wir schon gehört haben und es auch beinahe glauben.

Aber nicht dieses Naturschauspiel, sondern die Moais, überlebensgroße Steinfiguren zur Huldigung der Verstorbenen, verleihen der kargen Insel ihr Gesicht und geben der Welt manche Rätsel auf. Mehr als tausend dieser Kolosse wurden hier vor Jahrhunderten hergestellt und auf dem ganzen Eiland verteilt. Der mühsame Transport der Steinriesen über Holzstämme führte dazu, dass alle Wälder abgeholzt wurden, so lautet eine der Theorien. Die Insulaner vertreten die mystische Idee, dass die Osterinsel nie bewaldet gewesen sein soll und die Moais von starken Männern mit Hilfe der Kraft ihrer Gedanken bewegt worden sein sollen. Welchem der Erklärungsversuche man auch Glauben schenken mag, die rätselhaften Zeugnisse so fremder Kulturen faszinieren. Die einsame Lage inmitten des Pazifiks, die karge Vulkanlandschaft, die streng blickenden Moais, die noch unergründeten Schriftzeichen, die Kulte der Einheimischen - der Mystik dieser archäologischen Kulturstätte kann man sich nicht entziehen.

20. Dezember: Zum Frühstück frischen Fisch

Fisch und Krebse, eben aus dem Pazifik geholt und über dem Feuer, das Harry frühmorgens wiederbelebt hatte, gegrillt, dazu rußfarbener Kaffee aus einer Kokosschale gab es gestern zum Frühstück am Pazifik, nachdem wir dort unter freiem Sternenhimmel nach einem Regenschauerchen unser Nachtlager aufgeschlagen hatten. Mit zwei lieben neuen Freunden zusammen unternahmen wir eine zweitägige Erkundungstour rund um die Insel, ließen beinahe keinen der vielen Moais unbeachtet und staunten über die zahllosen unvollendeten Skulpturen, die noch am Vulkan Rano Raraku zu finden sind. Beinahe keinen Stein meint man hier mehr zu finden, der nicht mit den typischen Gesichtszügen der Moais behauen worden ist. Die Kultur scheint inmitten ihres Schaffensdrangs ausgelöscht worden zu sein, man sagt, die Vogelmenschen setzten dem zur Ausbeutung der Insel führenden Eifer der Langohren ein Ende.

Einen mindestens ebenso großen Eindruck hinterließen die Gastfreundschaft und Offenheit der Einheimischen. Als wir am Strand die Dunkelheit abwarteten, um unbemerkt unser Nachtlager beziehen zu können, gesellten sich zwei Insulaner zu uns. Nicht etwa um uns zu vertreiben, sondern sie zeigten uns einen geeigneten Platz für unsere Schlafstätte und entfachten in den Steinen ein Feuer, was wir nicht gewagt hätten. Einen schönen Abend verbrachten wir zusammen, mit traditionellen Rapa-Nui-Liedern und einer Gitarre, das erste Musikinstrument auf unserer Tour, das ich auch kurz streichelte. Frühaufsteher Harry traf im Morgengrauen einen Fischer, der uns gleich einen Teil seines Fangs aufs Feuer legte, und sammelte unter fachmännischer Begleitung Krebse, denen auch der Weg aufs Feuer blühte. Ein Erlebnis!

22. Dezember
Hi Sarah,
jetzt sind wir in Tahiti, am Traumziel aller Reisenden und fühlen uns irgendwie nicht ganz am rechten Platz. Zwar immerhin Camping, aber sehr mager installiert, dann noch Regen, und alles soooo teuer, dass ein Sabbattouri nicht mithalten kann.
Egal, jetzt machen wir das Beste aus diesen Tagen und feiern mit Im-

provisationskunst, wie auch immer, Weihnachten hier. Netz gibt's tatsächlich nirgends für uns hier, also keine Kommunikation, schade, sag das bitte auch den Lieben, die sich wundern, dass wir uns nicht melden. Wir hoffen sehr, dass es mit einem Telefonat zu Paps' Geburtstag klappt, vielleicht können wir dann auch kurz plaudern.Grüßle!

Re:

Oh, das ist aber sehr schade. Wieso ist Tahiti nicht toll? Und wieso haben die kein Netz? Das ist ja verrückt. Mitten im Meer auf der Osterinsel gibt's das doch auch!

Ja, so wie ich euch einschätze, schafft ihr es trotzdem, das Beste draus zu machen. Zum Glück! Und Weihnachten hin oder her, es ist ja ein Fest der Liebe, und wenn das Land nix bietet, habt ihr schon mehr Zeit dafür.

Ich wünsch euch alles Liebe, vor Weihnachten habe ich auf jeden Fall noch mal Gelegenheit ins Internet zu schauen! Dann hoff ich, dass ihr uns heut Abend beim Opi erreicht. Sehr gerne möchte ich dann auch schwätzen. Bitte verlangt mich! Ihr könnt ja allen anderen von der tollen Osterinsel erzählen und mir dann von Tahiti. Dann ist es nicht immer das Gleiche...

Liebe Grüße und fühlt euch gedrückt!

Sarah

24. Dezember: Joyeux Noël

Mit diesen Wünschen werden wir Weihnachten feiern auf Moorea, einer Nachbarinsel Tahitis in Französisch-Polynesien. Statt Geschenke auszupacken tauchen wir in das badewannenwarme Aquarium der Südsee und entdecken schnorchelnd eine für uns völlig neue, faszinierende Welt unter Wasser mit unzähligen Fischen und Pflanzen in schillernden Farben und bizarren Formen. "Oh Tannenbaum" wird zu "Oh Palmenbaum" und "Stille Nacht" beginnt hoffentlich mit einem rotglühenden

Sonnenuntergang am Horizont der blauen Lagune.

26. Dezember: Ein Tag, der uns abhanden kommt

Bizarr verlief unser Weihnachtsfest. Am Nachmittag des Heiligen A-
bends gönnten wir uns eine Pizza in einer Strandkneipe zu horrenden
Preisen und staunten über die Menschen, die hier mal eben mit ihrem
Motorboot einen Stopp einlegten, flaschenweise unbezahlbaren Wein
orderten, ein Gläschen konsumierten und ebenso perfekt inszeniert, wie
sie gekommen waren, wieder davon brausten.

Für den Abend deckten wir uns mit Früchten der heimischen Bauern –
das einzig bezahlbare Gut auf dieser Insel – und einer Flasche billigem
einheimischem Rum ein. So zogen wir zur Feier des Weihnachtsfestes
an den Strand, suchten uns ein nettes Plätzchen und genossen die milde
Stimmung des Abends. Irgendwann begann es zu regnen, Petrus schien
Gefallen daran zu finden und öffnete die Schleusen seiner weihnachtli-
chen Himmelspforte. Tropfnass zogen wir uns unter das leicht überste-
hende Strohdach einer fremden Hütte zurück. An eine Rückkehr in unsere Cabana war bei diesen Wolkenbrüchen nicht zu denken – außerdem
genossen wir die Situation. Aus der Tüte, in der wir das Obst transpor-
tiert hatten, bastelte ich mir einen Mini-Regenschutz, wir trieften, froren, lachten und erhielten ein ganz neues Bild eines besinnlichen Weih-
nachtsabends.

Der nächste Tag, erster Weihnachtsfeiertag, bedeutete für uns einen
Reisetag, erst mit dem Bus über die Insel, dann mit der Fähre nach Tahiti, dort einmal wieder eine Übernachtung auf einem Steinmäuerchen,
ehe es am nächsten Tag früh los ging nach Neuseeland. Der zweite
Weihnachtsfeiertag fiel dem Flug über die Datumsgrenze zum Opfer.

30. Dezember: Jetzt haben sie uns

Sie haben uns eingeholt, die Verfolger Linde und Gerhard, die uns schon in Seedorf so herzlich verabschiedeten und am Königsee mit dem Fahrrad noch einen Gruß mitgaben. Heute gab's ein schönes Wiedersehen in Auckland, gemeinsam wollen wir jetzt einen Teil Neuseelands erkunden. Seedorfer treffen sich am anderen Ende der Welt. In ihrem reichhaltigen Gepäck finden sich liebe Briefe für uns. Schön ist es, nach so langer Zeit gute Freunde begrüßen zu dürfen.

Liebe Mama und Papa,
kurz vor Weihnachten klingelte es an meiner Tür und ein kleiner Engel stand draußen in der Kälte – ich hätte ihn fast übersehen. Er fror so sehr, ich bat ihn herein und er erzählte mir seine Geschichte.
In Sizilien verlor er seine beiden Wegbegleiter und wie gerne wäre er wieder bei ihnen! Doch er konnte sie nicht mehr finden und da er wusste, dass die beiden bald auf die andere Seite der Welt übersetzen würden, hatte der liebe Engel keine Hoffnung mehr, die lieben Weggefährten einzuholen. Schon die Reise nach Konstanz dauerte lange und war für den kleinen Engel beschwerlich. Ob ich ihm nun helfen könne? Ja, sagte ich, ich kann helfen!
Und so sende ich ihn euch nun auf diesem Wege und hoffe, dass ihr beide euch genauso über das Wiedersehen freut wie der kleine Engel.
Eure Sarah

3. Januar: Urlaub im Urlaub

Wir machen Urlaub, kutschieren im Auto und residieren im netten Zimmerchen mit eigenem Bad. Schön! Einen alten blauen Toyota mit etlichen Dellen und Kratzern nennen wir vier derzeit unser eigen und schon bei der ersten Fahrt waren wir beeindruckt von der technischen Raffinesse dieses Vehikels, hupte doch gleich am Anfang eine scheinbare Einparkhilfe, die sich allerdings wenig später als lautstark und nervend zirpende Grille am Heckfenster erwies. Mit unserem rasanten Gefährt ohne Einparkhilfe, sie fiel einer spontanen Zwangsräumung durchs Fenster zum Opfer, ging's erst Richtung Norden, Bay of Islands, und jetzt Nordinsel abwärts, momentan Westküste. Eine Gegend, in der man nur noch auf den kleinen Hobbit wartet!

In vielen Nischen schien er zu lauern auf unserer heutigen Wandertour, Pfade durch dichten Busch, urwaldähnlich, feucht und steil, Kletterpartien am schmierigen Seil genauso inklusive wie unfreiwillige Ausrutscher im tiefen Morast, der nicht nur an Händen und Knien haftete, sondern sich bis zwischen die Zehen in den Wanderstiefeln ausbreitete. Danach wurden die heiße Dusche und ein frisches Laken zum doppelten Genuss, Urlaub im Urlaub eben!

4. Januar: Ein heißes Vergnügen

Rau zeigt sich die Westküste, mit einer frischen Brise, die uns eher die winddichte Regenjacke als die Badeklamotten auspacken lässt. Doch die Wunderwelt Neuseelands zaubert! Heiße Quellen lassen sich an diversen Stellen im schwarzen Vulkansand der endlosen Küste ausbuddeln, ein mühsames Unterfangen zwar, aber mit lohnendem Ergebnis für frierende Strandläufer.

Nach fünf Minuten Handarbeit träumten unsre männlichen Arbeiter schon vom nicht vorhandenen Minibagger und schaufelten dennoch mit von Kindern geliehenen Plastikwerkzeugen tapfer weiter für unser Vergnügen, dem kalten Wind zu trotzen und uns in der selbst gebastelten Therme zu suhlen. Wir genossen es. Ein besonderes Erlebnis, im eigenen Pool zu plätschern und in den beinahe kochenden Sand sich einzubuddeln!

6. Januar: Sie seilen sich ab

Unsere Verfolger seilen sich ab, tief in den Abgrund, und wir ebenso, um die Karsthöhlen rund um Waitomo zu erkunden. Ein kühles Vergnügen! Schon allein die Temperaturen unter der Erde liegen nicht eben im Saunabereich, und wenn man dann noch durch eiskaltes Wasser watet, kriecht oder im Gummireifen raftet, wird es auch nicht unbedingt Kachelofen heimelig. Egal! Schon allein das Höhlenabenteuer machte jeglichen Fröstelanfall wett und mehr noch die Tiriaden von Glühwürmchen, die den Höhlenhimmel in ein funkelndes Sternenmeer verwandelten. Starlight-Express schien uns anzuspornen, als wir nach Stunden wieder aus der Höhle krochen und steil nach oben ans Sonnenlicht kletterten.

9. Januar: Wieder lockt der Vulkan

Mit schweren Rucksäcken auf den Schultern und reichlich Proviant für eine Dreitagestour mit Übernachtung in einfachen Selbstversorgungshütten machten wir uns auf den Weg zu den Kratern der aktiven Vulkane Ngaruhohe und Tongariro. Leider wollte Petrus unsere Mühen nicht belohnen und kochte in seiner Wetterküche eine dicke Suppe aus Wolken, Nebel und Regen. Nach steilen Anstiegen erreichten wir die Vulkankrater, rochen den stechenden Schwefelgeruch der austretenden Dämpfe, spürten die heiße Erde, wussten uns in einer bizarren, faszinierenden Vulkanlandschaft - nur sehen konnten wir nichts von allem.

Das Abendsüpple kochte uns aber nicht Petrus, sondern Harry zauberte in unserem einzigen kleinen Kochtopf die fast schon obligatorische Hüttennudelsuppe mit Kartoffelbrei für alle vier hungrigen Mägen, die direkt aus dem Topf wieder einmal am besten schmeckte. Eine eindrucksvolle Überraschung hielt der Abend noch für uns bereit, als der Hüttenwart, ein Maori, uns Fremde im Ritual seines Volkes willkommen hieß, mit Gesängen, Gebet und Tanz in einer innigen, authentischen Weise, und später von der Geschichte und den Traditionen seines Volkes erzählte.

11.-13.Januar: Flussabenteuer

Fast wären wir sie losgeworden, unsere Verfolger, bei einer Kanutour auf dem Fluss Whanganui. Unberührte Natur, Busch, Wasserfälle und kleine Höhlen, die nur über den Wasserweg erreichbar sind, ließen uns einmal mehr staunen. Obwohl der behäbige Whanganui eher ruhig dahin fließt, zeigt er an einigen Stromschnellen doch ziemliches Temperament. Temperament bewiesen plötzlich auch unsere Verfolger, als sie mit ihrem Kanu direkt auf eine Stromschnelle zuhielten, von dieser abrupt überrollt wurden und schnurstracks von der Bild- bzw. Wasserfläche verschwanden. Während Gerhard, mit Bruder Leichtsinn und ohne Rettungsweste unterwegs, vom Sog des Strudels immer wieder unter Wasser gezogen wurde, klebte Linde auf dem Kiel oben treibenden Kanu, ihr Paddel und einen Turnschuh wie Trophäen fest umklammernd, und versuchte genauso beflissen wie vergeblich, die übrigen fröhlich auf den Wellen tanzenden Utensilien einzusammeln. Diese hoffnungslose Aufgabe beanspruchte ihre Aufmerksamkeit in solchem Maße, dass sie ihren gurgelnd nach Luft japsenden Mann keines Blickes würdigte - der kann schwimmen, lautete später ihr Kommentar. Auch mit unserem umständlich gewendeten Kanu erwies es sich als gar nicht so einfach, Mensch, Hab und Gut aufzufischen und ans rettende Ufer zu bugsieren. Mit Hilfe eines zufällig vorbei kommenden Jetbootes gelang es schließlich, einen aufgeweichten Gerhard, seinen zweiten Schuh, Paddel und Rettungsweste einzusammeln, einzig seine Brille flüchtete bei ihrem unfreiwilligen Tauchgang auf Nimmerwiedersehen in Poseidons Arme.

Weniger aufregend, aber durchaus Gaumen anregend, verlief unsere Radtour mit Tandem durch die Weinbaugebiete rund um Napier. Die Weinbauern offerieren hier kostenlose Weinproben, das konnten wir vier uns natürlich nicht entgehen lassen. Einige edle Tropfen kosteten wir sogar inmitten des Weinbergs, die Weingläser in einer speziellen

Halterung griff- und trinkbereit am Hals hängend - ein so nützliches Utensil sollte in einer ordentlichen Globetrotter-Ausrüstung eigentlich niemals fehlen.

Hi Sarah,

ich hab hier Wifi, das ist prima, jetzt konnte Hughito alle Emails der letzten Tage zum Nulltarif runterladen und ich kann noch ein bisschen schribseln, bevor wir in zehn Minuten zu einem Maori-Kult-Abend gehen. Bin mal gespannt, ob uns das beeindruckt oder als Touristen-Abzocke vorkommt.

Heute hatten wir leider ein ungeliebtes Alternativprogramm, vor allem Harry, der nach tagelangen Zahnschmerzen und vergeblicher Zahnarztsuche jetzt endlich behandelt werden konnte. Ein entzündeter Nerv sorgte für Furore und der Zahnarzt für dessen Entfernung, jetzt sieht die Welt schon wieder rosiger aus.

Wir sind in Rotorua, hier riecht es gewaltig nach faulen Eiern, weil überall heiße Schwefelquellen blubbern, kochende Schlammtümpel und Geysire, bizarr!

Morgen geht's wohl weiter, die Zeit wird langsam eng, am 18. sollten wir ja in Auckland sein.

Jetzt mach ich mich "fein", ist ja so einfach bei meiner „riesigen" Auswahl.

Mit einem Wifigrüßle mal endlich wieder!

Ma

19. Januar: Die Welt ist klein

Auf Aucklands Flughafen mussten wir sie verabschieden, unsere lieben Verfolger, ihr Weg führte sie zurück nach Seedorf, unserer auf die Südinsel. Nicht nur unser gutes altes Schwäbisch konnten wir in den letzten Tagen trainieren, sondern vor allem schöne Urlaubstage genießen, danke!

Kaum in Christchurch angekommen, war unsere Muttersprache weiter gefragt. Was passiert, wenn Lackendorfer und Seedorfer sich treffen wollen und beide in die falsche Richtung marschieren? Richtig, sie treffen sich in Neuseeland! So kam es zu einem lustigen Abend mit Sebi's Eltern, bevor unsere Karawane jetzt wieder im Doppelpack ihrer Wege zieht.

22. Januar: Dilettanten unterwegs

Man hätte meinen können, zwei Stadtpüppchen machten sich auf die Wandertour der steilen Küste Otagos entlang, so schlecht ausgerüstet, wie wir heute Morgen starteten. Vielleicht lag es daran, dass wir unseren neu erworbenen Straßenatlas als Wanderkarte benutzten, es sah jedenfalls nach einer netten harmlosen Halbtagestour aus, für die unsere Trekkingsandalen und kurze Hosen ausreichend schienen. Weit gefehlt! Die kurzen, aber steilen Steige waren zwar auch besandalt zu meistern, aber die dabei eingeheimsten Schlammladungen schon weniger angenehm zwischen den Zehen, und als die Schmiere sich noch mit satten Sandportionen vereinigte, hätten wir am Ende doch lieber Wanderschuhe geputzt. Zudem führten unsere einsamen Wege durch dichte Vegetation, sehr idyllisch, aber Allergie-Sensibelchen reagieren auf solch hautnahen Kontakt leider mit dicken, roten Pusteln, so dass die Gedanken an eine störrische Haarbürste zum Kratzen gegenüber der herrlichen Landschaft fast Oberhand gewannen. Fast ist nicht ganz. Die immer wieder überraschenden Ausblicke, ob senkrecht nach unten oder weit in die Ferne, die Einsamkeit unserer jenseits der markierten Wege verlaufenden Route und die Freiheit, die sich dabei so zufrieden breit macht, lassen schnell die kleinen Unannehmlichkeiten vergessen.

23. Januar: Viertonner am Strand

Leider nicht mit dem scharfen Blick eines Naturkundlers ausgestattet, blieb uns die Tierwelt Neuseelands lange verborgen. Wohlklingendem, fremdartigem Vogelgezwitscher lauschten wir zwar oft bewundernd, doch die Meistersänger selbst konnten wir im Dickicht selten entdecken. Ganz anders unsere Erfolgserlebnisse in der Region The Catlins, einem einsamen Landstrich tief im Süden der Insel, wo die großen Tiere zu Hause sind. Plötzlich meinten wir uns in den Fußstapfen Heinz Sielmanns zu bewegen. Zahlreiche Robben, am Strand ihre Scheinkämpfe austragend, Seelöwen, die faul im Sand liegen und höchstens eine Flosse bewegen um weiteren Sand auf sich zu häufen, selbst Seeelefanten zeigten sich, so wuchtig in ihrer Masse und Statur. In der Roaring Bay lernten wir, dass ein Pinguinversteck nicht die possierlichen Vögel, sondern uns Menschen verbergen soll, und bekamen, gut versteckt, auch tatsächlich zwei der scheuen und nicht in Kolonien lebenden Gelbaugenpinguine zu Gesicht, die vom Meer kommend gemütlich zu ihrem Nistplatz watschelten. Endgültig im Rang eines Tierforschers wähnten wir uns in der Porpoise Bay, als wir schon frühmorgens etliche Hektordelphine sichten konnten, die sich fröhlich in Strandnähe tummelten. Wer weiß, vielleicht entdecken wir scharfen Auges nun auch noch den Kiwi?

26. Januar: Wandergedanken

Drei Tage unterwegs auf Schusters Rappen führten uns die enorme Vielfalt Neuseelands einmal mehr vor Augen. Der Humpridge Track beginnt mit endlosen menschenleeren Stränden, bevor er über steile Pfade durch den Waitutu-Urwald in sub-alpines Gelände führt, streift das einsame Fjordland und bietet immer wieder verblüffende 360-Grad-Aussichten. Auch kulturhistorisch hat der Weg einiges zu bieten, er quert sowohl Maori-Gebiet, wie er auch auf den Spuren europäischen

Pioniergeistes wandelt, wenn er die alten Holzviadukte überschreitet oder in Port Craig, einer ehemaligen Arbeitersiedlung, die Vergänglichkeit menschlichen Strebens zeigt.

Die Augen blicken in die Welt, die Gedanken wandern. Preeuropean, voreuropäischer Zeit, wird hier vieles bezeichnet. Die Ankunft der Europäer hat alles verändert, vieles zerstört. Vor wenigen Jahrzehnten noch waren die Rituale und Sprache der Maoris verboten, erst die jetzige Generation besinnt sich ihrer Wurzeln und wiederbelebt sie. Man mag befremdet sein, für einen Abend in einem Maori-Dorf mit Begrüßungsritual, Tänzen wie dem Haka und einem traditionellen Hangi, einem im Erdloch zubereiteten, üppigen Mahl, auch ordentlich zur Kasse gebeten zu werden, doch bieten diese Veranstaltungen vielen Maori ihr Auskommen, wiewohl die Authentizität und die Lebendigkeit ihrer Darbietungen bei allem Kommerz überraschen. Ist es nicht eigentlich nur recht und billig, dass wir Europäer heute für die Inszenierung dessen, was wir gestern in seiner Originalität zerstörten, Eintritt bezahlen?

31. Januar: Reeeegen

Wir wussten es ja, dass es an der Westküste etwas mehr regnen soll, aber dass solche Sturzfluten dauerhaft vom Himmel fallen können, erstaunt schon. Jetzt sitzen wir in einem kleinen Zimmerchen in Franz, meint Franz-Josef-Village beim gleichnamigen Gletscher, inszenieren ein kulinarisches Alternativprogramm am Zweiplattenherd und gehen morgen aufs Eis, ob's stürmt, hagelt oder schneit - vielleicht lacht uns ja auch plötzlich die Sonne?

1. Februar: Aufs Eis geführt

Der Wettergott hatte ein plötzliches Einsehen und bescherte uns einen trockenen Tag heute, ideal, um ins Eis zu steigen, geführt von einem Guide, ohne geht's leider nicht. Eine kühle Region empfing uns, tiefe

Gletscherspalten, blau schimmerndes Eis und zahlreiche Wasserrinnsale nach den starken Regenfällen der letzten zwei Tage. Franz Josef und auch der benachbarte Fox, zwei Superlative in der großen Glet-scherfamilie unserer Erde, zeigen mehrere Besonderheiten auf, einmal so nahe am Ozean gelegen und, schon für James Cook unglaublich, im Regenwald endend. Der legendäre Captain meinte sich im Fieberwahn, als er bei seiner Neuseelandumrundung eine weiße Eiszunge kurz vor der Küste in grünes Land münden sah. Zudem zeigt Franz Josef einen ungeheuren Bewegungsdrang, mit derzeit einem Meter vorwärts pro Tag, da können unsere europäischen Alpengletscher bei Weitem nicht mithalten. Diese enormen Gletscherbewegungen bedeuten auch ständige drastische Veränderungen in der Gletscheroberfläche, die Regenmassen der letzten Tage trugen ihr Übriges dazu bei, also wurde heute alle paar Meter das Eis geprüft, kräftig gepickelt und in der Gruppe gewartet, während die Füße in den tropfnassen Schuhen sich isolierende Schwimmflügelchen wünschten.

9. Februar: Mamas Pfannkuchen, goldene Buchten und Sandfliegen-Idylle

Die Vielfalt unserer Erde scheint sich in dem bunten Fleckenteppich Neuseelands zu bündeln. Nach Franz- und Fox-Eisgewalten staunten wir über die als Pancakes bezeichneten Felsformationen, die tatsächlich an einen Berg Pfannkuchen aus Mamas Küche erinnern, so verblüffend scheibenförmig geformt, wie sie aus der wilden Tasman See ragen. Bei Flut erlebt man, dass die Blowholes genannten tiefen Felslöcher die Gischt der enormen Brandung wie feinen Nebel an die Erdoberfläche sprühen.

Eine Halbtagesreise weiter empfing uns fröhlich der Abel Tasman Nationalpark mit goldenen Sandbuchten und türkisfarbenen Wellen, die man sowohl zu Fuß über den Coastal Track als auch per Kajak genießen kann. Bei solchen Traumzielen zeigt sich allerdings mit vielen "Hallo"-Begegnungen auf dem Wanderweg, den zahlreichen Kajaks rund um die Buchten, dem gut ausgebauten Wassertaxi-Netz und nicht zuletzt den touristisch angehauchten Preisen, dass nicht nur Harry und Simone die Welt bewundern wollen. Wenn einem anschließend der Sinn nach Einsamkeit steht, locken nicht weit entfernt die Marlborough Sounds, breit gefingerte Fjorde im Norden der Südinsel, die so viel Platz für ein kleines Zeltchen bieten, mit sanftem Wellenplätschern, großem Sternenhimmel und tiefem Durchatmen trotz einer Flut hungriger Sandfliegen. Kaum den gefräßigen kleinen Biestern entronnen, überraschten in Kaikoura wieder die großen Tiere. Die richtig großen, die Wale, die man hier bei einer Boots- oder Helikoptertour beobachten kann, waren uns nicht in ihrer Statur, aber im Preis für die Exkursion zu hoch, also passten wir die Ebbe ab, umrundeten zu Fuß die Halbinsel auf den nun frei liegenden Felsen und erspähten tatsächlich, wie gehofft, einige Seelöwen. Über die Felsplatten fanden wir einen Weg zu den Kolossen und leisteten den faulen Tieren, den gebotenen Sicherheitsabstand von zehn Metern vergessend, fotointensive Gesellschaft.

Damit schließt sich der bunte Reigen der Neuseelandeindrücke. Über Auckland fliegen wir neuen Welten entgegen, Hongkong, Vietnam, Kambodscha... so neugierig, was uns alles erwarten wird.

14. Februar: Hong Kong

Unvermittelt von der Insel der vielen Schafe auf die Insel der vielen Wolkenkratzer katapultiert, reiben wir uns verwundert die Augen. Hong Kong - die pulsierende Metropole mit britischem Atem, chinesischem Blut und metropoliter Gestalt! Vom Flughafen kommend, der alleine eine ganze Insel belegt, nähert man sich auf der Halbinsel Kowloon einem Zentrum, das mit einer Superlative nach der anderen aufwartet. Endlose Brücken, vielspurige Straßen, die ein zunehmend dreidimensionales Geflecht zu bilden scheinen, zahlreiche der welthöchsten Gebäude, ein Lichtermeer an Reklame- und Lasereffekten, das die Sinne beinahe überreizt, und nicht zuletzt die bunt wabernde Masse an Menschen. Die Musik zu diesem Szenario tönt aus den Lautsprechern des ständigen Verkehrslärms, begleitet von der sanftmelodiösen Dauerberieselung in den endlosen Einkaufspassagen, voran getrieben durch den Handy getakteten Rhythmus der breiten und trotzdem überquellenden Fußgängerstraßen. Während die Skyline Hong Kong Islands bereits unter der alltäglichen Dunstglocke überwältigend wirkt, wird mit der im Guinessbuch der Rekorde erwähnten "Symphonie of Lights" eine weitere Superlative gesetzt, wenn zu sphärischen Klängen die Wolkenkratzer sich selbst und die sie umgebende Atmosphäre multimedial gekonnt in Szene setzen.

Bei einer solchen Stadtkulisse wird eine frühmorgendliche Joggingrunde auch ohne die sonst bevorzugte Naturidylle zum besonderen Erlebnis. Die Metropole reckt und streckt sich nach ihrem kurzen Sekundenschlaf und die Avenue der Stars scheint nur der mächtigen Skyline, einigen nach östlichem Ritus Meditierenden und einem Paar trappelnder Laufschuhe zu gehören.

Weitere dazugehörige Inseln zeigen ein ganz anderes Gesicht Hong Kongs. Mittels der perfekten Verkehrsinfrastruktur erreicht man problemlos verschlafene Fischerdörfer, Buchten und Strände am südchinesischen Meer, dichte Wälder an steilen Abhängen und imposante Monumente verschiedenster Religionen. Solche Oasen der Ruhe enden aber abrupt nur wenige Metro-Stationen weiter, wenn einen die betriebsamen Straßen und Gassen, die Händler und bunt schillernden Märkte wieder lautstark empfangen. Vergnügt tanzen wir mit im pulsierenden Rhythmus dieser Metropole, mit dem zufriedenen Wissen, dass ein derartiges Staccato nicht für alle Fleckchen unserer Erde komponiert worden ist.

18. Februar: Happy New Year, Saigon!

Nein, wir haben nicht die Orientierung auf dem Kalender verloren und plötzlich Fasnacht und Neujahr verwechselt, es ist der chinesische Kalender, der uns mitten im Februar eine Silvesternacht und ein dreitägiges Neujahrsfest namens Tet beschert. Tet, der höchste Feiertag im chinesischen Kulturraum, dauert drei Tage und stellt die hiesige Welt auf den Kopf. Die Wohnung wird ausgeräumt, die Kinder bekommen neue Kleider, die Geister der Ahnen werden mit Schellen und Trommeln herbei gelockt und anschließend mit üppigen Portionen des Festessens verwöhnt, das von der heißen Pastete bis zum Dessert, liebevoll mit Räucherstäbchen geschmückt, ehrerbietig vor ihren Altärchen aufgebahrt wird. Unzählige Gerüche hängen in der Luft. In diesen Tagen spart man an nichts, Wohlstand zu zeigen, ob vorhanden oder nicht, gilt als gutes Omen für das Neue Jahr. Die Hauptstraße wird gesperrt und in ein filigran geschmücktes Blumen- und Drachenmeer verwandelt, wo die Familien in Festgewändern stolz posieren und unzählige Fotos knipsen. Das ohnehin quirlige Leben auf den Straßen Saigons erlebt in den Tagen vor Tet seinen absoluten Höhepunkt, der gleich unseren ersten verblüfften Eindruck bestimmte. Eine endlose Flut kreuz und quer fahrender, wild hupender Mopeds, mit mindestens drei Personen besetzt (wir zählten auch schon sieben auf einer Sitzbank), macht ein Durchkommen als Fußgänger beinahe unmöglich. Augen zu und durch, lautet die einzige Erfolg versprechende Devise. Das Leben spielt sich auf der Straße ab, man hockt auf dem Boden beisammen, trinkt gerne ein Bier, spielt Karten oder döst vor sich hin, inmitten eines bunten Szenarios von kleinen Verkaufsständen, die beinahe alles anbieten. Was hier nicht zu finden ist, bringt bestimmt der Nächste auf einem üppig bepackten Fahrrad daher. Aufbruchstimmung liegt in der Luft, ein Optimismus, den man greifen zu können meint. Jeder nutzt das Wenige, das er hat, und versucht es erfolgreich zu vermehren, mit phantasievollen Improvisationen, cleverem Geschäftssinn und freundlichem Lächeln. Nicht nur unsere Augen, Ohren und Nase finden hier ein großes Betätigungsfeld, auch Kopf und Herz arbeiten.

24. Februar: Nudelsuppe und Schlangenblut

Haben wir je nach Nudeln gelechzt und Instant-Spaghettis auf Berge geschleppt um sie mit Maggibrühe zur waberigen Suppe zu verwandeln? Jetzt genießen wir Pho, lecker ausgekochte Brühe mit Glas- oder Reisnudeln in zahlreichen Variationen bereits zum Frühstück. Ein Schlaraffenland für Suppenschwaben! Daneben locken weitere Leckereien, vom Pfannen gerührten Gemüse über frische Frühlingsrollen bis hin zum kulinarischen Hauptthema an der Küste, sprich alles was das Meer hergibt. Frischer Fisch und Meeresfrüchte, ob gekocht oder roh, von verschiedensten Muscheln über Tintenfisch bis hin zu Austern oder Langusten, sprechen gehaltvollen Suppentöpfen schnell den Rang ab.

Die vietnamesische Küche zeigt viele Farben und scheut keine Experimente. Pferd und Hund finden sich im Angebot der Garküchen auf der Straße, kleine Ratten und Fledermäuse sollen lecker schmecken, heißt es, und bei plötzlich auftretender Übelkeit hilft garantiert ein Schlangenschnaps. Wenn nach einer solchen Rosskur der Appetit sich wieder aufrappelt, dampft an der nächsten Ecke bestimmt ein feines Nudelsüppchen!

Hi Sarah,

dein Eindruck ist absolut richtig, Vietnam ist so anders und hat seine eigenen Gesetze, was ich mit "handeln oder gehandelt werden" ausdrücken möchte. Im Handeln sind wir nicht mehr ganz ungeschickt!

Wir haben uns wieder Räder ausgeliehen, das ist echt lustig, alte Drahtesel ohne Gangschaltung und seltsamer Sitzhaltung, es macht aber viel Spaß damit im vielspurigen Moped- und Fahrradverkehr zu kurven. Wir radelten zu alten Cham-Türmen und zu einer Pagode, wo viele Buddhisten in ihrem monotonen Singsang beteten, das war interessant, irgendwie einlullend und spirituell wirkend.

Es gefällt uns weiter sehr gut hier, gestern waren wir bei einer witzigen Vietnamesen-Bootstour dabei. Es hieß, vier Inseln zu besuchen, wir dachten an artige Spaziergänge dort, aber nichts dergleichen! Bei unserem Boot handelte es sich um eine Holzdschunke, die ersten beiden Inseln sind gänzlich unbewohnt und die Dschunke ankerte im seichten Meer. Wir konnten vom Boot aus ins Wasser hüpfen und im türkisfarbenen Wasser herumplanschen. Die Vietnamesen haben ein ganz anderes Wasserverhalten als wir, sie wagen sich höchstens zwei Meter weit in die Fluten, wenn überhaupt, und stehen dann beinahe bewegungslos da. Undenkbar, dass sie sich in Badekleidung zeigen, sie sind auch im Wasser meist voll angezogen, ob in Jeans oder Kleid. Nachher rennt man in den nassen Klamotten rum, ist ja auch egal, so heiß wie es hier immer ist. Viele können gar nicht schwimmen. Ich lernte einen netten jungen Mann kennen, der zog sich eine zusätzliche Schwimmweste sogar über die Ohren und fragte mich im Wasser höflich, ob ich ihn halte könne, weil er Nichtschwimmer sei, lachte aber über beide Backen und fand es offensichtlich toll, herum zu plantschen.

Jetzt haben wir weniger Angenehmes vor uns, wir möchten mit dem Bus weiter reisen, sechshundert Kilometer lang ist die Strecke. Das bedeutet hier fast einen ganzen Tag in dem schüttelnden und ständig hupenden Bus zu verbringen, auf engen, klebrigen Plastiksitzen, die für zartwüchsige Vietnamesen und nicht für uns daneben grobschlächtig wirkende Langnasen zugeschnitten sind - nun ja. Ohne Toilette, mein größtes Problem. Unser nächstes Ziel heißt Hoi An, ein sehr geschichtsträchtiger Ort, lesen wir und wollen uns natürlich selber ein Bild davon machen.

26. Februar: Von A nach B im Zottelschritt

Vietnam, ein wahres Reiseland! Was von Deutschland aus betrachtet vielleicht noch kleine Fragen aufwirft, gestaltet sich vor Ort so einfach. Überlandbusse sorgen für eine tägliche Verbindung in Nord-Süd- oder Gegenrichtung und in den Städten scheinen sich beinahe mehr Ticketbuden als Wohnhäuser zu befinden. Viele Dollars braucht man auch für größere Strecken nicht in der Tasche zu haben, wohl aber ein sehr gutes Sitzfleisch für die klebrigen Plastiksitze auf endlosen Rüttelstrecken, die von lautstarkem Dauergehupe hektisch begleitet werden. Eine kleine Portion Geduld hilft über eine Verspätung von drei bis vier Stunden sicher hinweg, nach südamerikanischem Trainingslager ohnehin kein Problem, und als es bei der letzten Etappe gar fünf Stunden wurden, unterstützten zwei Dosen vietnamesisches Tiger-Bier unser Durchhaltevermögen.

Unterwegs klebt die Nase gerne am Fenster, nicht nur um der Enge zu entfliehen, vor allem gibt es viel zu sehen! So fremd und interessant sind für uns Europäer die endlosen, sattgrünen Reisfelder, die Dörfer mit ihren Blechhütten, die Wasserbüffel, die plötzlich auf der Straße stehend auch einen Bus ausbremsen, der Mopedfahrer mit etwa dreißig Gänsen im Gepäck oder das meterhoch beladene Fahrrad. Die nach Stunden etwas eingerosteten Glieder freuen sich über die Pausen, wenn auch eine mit Hühnern bevölkerte Bodenküche neben der Erdlochtoilette nicht unbedingt zum Drei-Gänge-Menü einlädt.

1. März: Hoi An

Bis zum 19. Jahrhundert der wichtigste südostasiatische Hafen, den vor allem Chinesen und Japaner, aber auch Portugiesen und Niederländer anliefen, präsentiert sich die Stadt Hoi An heute als quicklebendiges Museum, in dem jede Straßenecke ihre eigene Geschichte zu erzählen weiß. Ein Vergnügen, hier zu schlendern, Museen, Tempel oder die alten Kaufmannshäuser zu besichtigen und sich ins orientalische Hafenleben der vergangenen Jahrhunderte zurückversetzt zu fühlen. Ebenso faszinierend die Gegenwart, das betriebsame Leben am und auf dem Wasser, ob im Fischerboot oder beim täglichen Marktgeschehen. Daneben gilt Hoi An auch als Stadt der Schneider, ein Laden reiht sich an den anderen und jeder buhlt lautstark um Kundschaft. Innerhalb eines Tages könnte man sich eine komplett neue, maßgeschneiderte Garderobe zulegen, auch der Geldbeutel würde locker mitspielen - nicht aber der Rucksack zweier Sabbatreisenden. Zwei Hosen und ein Hemd finden aber vielleicht schon noch Platz.

3. März: Straßenleben

Mit dem Fahrrad oder zu Fuß unterwegs gibt es so viel zu sehen! Nicht nur die Fischerdörfchen und Bauern in ihren Reisfeldern links und rechts, auch der Trubel auf der Straße fasziniert. Was in Deutschland als Gehweg bezeichnet wird, dient hier als Kommunenküche mit kleinen Plastiktischen und Stühlchen zwischen immer akkurat geparkten Mopeds. Auf der Straße tummeln sich zweirädrige Schwerlasttransporte mit Schweinen, Fahrrädern oder sonstigem Zeugs beladen, dazwischen kichern weiß gewandete Mädels auf ihren alten Rädern beim täglichen Schulweg. Eine Zweiminutenpause liefert zwanzig Bilder und vierzig Eindrücke. Harry trifft den Nagel auf den Kopf, wenn er meint, hier fahren nicht Blechkarossen, sondern Menschen.

5. März: Der fünfte Tiger

Vietnam, ein Land, das schreit, Welt ich komme! Ein Tigerchen schärft seine Krallen. Aufschwung, der an jeder Ecke zu spüren ist. Optimismus, gepaart mit gut bestücktem Angebot und Nachfrage auf den Märkten, dazu eine wachsende, durchdachte Infrastruktur. Staat und Markt scheinen effektiv zu kooperieren. Noch rümpft sich vielleicht eine europäische Nase ob der hygienischen Verhältnisse, wobei aber unser solider Kontinent in manchen Gebieten keinen besseren Standard aufweisen kann.

Ist es der Lehrerblick? Schulen und Schüler fallen auf. Wenn sich unter hundert Blechhütten ein schmuckes, helles Gebäude befindet, ist es die Schule. Wenn adrett gekleidete Teenager auf dem Fahrrad unterwegs sind, sind es Schüler. Eine Generation, die verständliches Englisch spricht und in den Internet-Cafes wild auf den langsamen Rechnern herumklopft. Der Tiger lauert.

7. März: Krieg und Frieden

Je tiefer wir in dieses Land eintauchen, desto mehr erfahren wir von seiner blutigen Geschichte und begreifen höchstens einen Hauch davon. Der schreckliche Krieg, bei uns Vietnamkrieg, hier Amerikanischer Krieg genannt, vernichtete einen Großteil Vietnams Urwald und Tierwelt, ebenso unermessliche Kulturgüter, ganz zu schweigen von den zahllosen Menschenopfern. Chemiebomben sorgten nicht nur für aktuelle Verwüstung, sondern auch für unermessliche Folgeschäden. Minen zeigen in deformierten Körpern noch heute ihr schreckliches Gesicht. Beeindruckend die Cu Chi-Tunnel, ein unterirdisches Verbindungsnetz der Viet Minh, mit dem sie die US-Amerikaner zermürbten. Ein komplizierter Krieg. Schwarz-Weiß-Malen reicht nicht aus, zu vielschichtig die Gruppierungen, Motivationen und Entwicklungen. Ein furchtbarer Krieg. Die Worte eines Veteranen, dem wir in Cu Chi begegneten, bleiben tief in der Erinnerung: "Egal, wer Sie sind, egal, woher Sie kommen, ich bete darum, dass Ihrem Heimatland niemals ein solcher Krieg widerfährt. Er machte uns alle zu wilden Tieren."

10. März: Momentaufnahme

Ein paar Zentimeter abseits der ausgetretenen Touristenpfade bedeutet

Kommunikation nicht selten, dass wir uns nach drei erfolglosen Wörtern vietnamesisch mit Händen und Füßen zu verständigen versuchen. Nicht immer mit Erfolg, aber immer amüsant für beide Seiten. Frühmorgens um sechs tuckerten wir heute schon auf einem morschen Holzkahn zum Markt und weiter durch die engen, gewundenen Wasserwege des Mekong-Deltas, wo sich das tägliche Leben am und im Wasser abspielt und Umweltschutz leider noch ein absolutes Fremdwort ist.

Eben auf dem abendlichen Heimweg kreuzte eine Ratte Harry's Schritte, zuvor feilschten wir am Gemüsestand um den Preis frischer Mangos und jetzt „daheim" erschlug das Wörterbuch als Erstes eine Horde Ameisen. Leider sind die Kekse, auf die wir uns schon freuten, hoffnungslos mit einer schwarzen Armee dieser Tiere besiedelt.

Wie auch heute, findet sich in fast jeder Bude ein Mini-Fernsehgerät und Fußball wird offensichtlich immer übertragen. Die Vietnamesen scheinen süchtig zu sein nach Champions League oder deutscher Bundesliga und kennen sich hier beinahe so gut aus wie Harry, der die Live-Übertragung eines Bundesligaspiels, aktuell Gladbach - Herta, durchaus zu genießen weiß. Fußball-Ignoranten schreiben derweil vergnügt ein Artikelchen für die Homepage.

Zum Frühstück morgen essen wir wohl wieder vietnamesische Nudelsuppe, dann reisen wir ein Stück weiter Richtung Grenze nach Kambodscha, denn unser Visum läuft in Kürze ab, wie schnell das plötzlich geht. Vietnam, ein so vielfältiges und faszinierendes Land!

14. März
Oh Sarah, es heißt good bye,
bei uns ist es schon nach elf Uhr abends, der letzte Tag in Vietnam, wohl nicht für immer, aber jetzt jedenfalls und sicher für lange Zeit. Es war ein komischer, bizarrer Tag heute, der bleibt in Erinnerung. Buchstaben können das gar nicht schildern, hier nur der Rahmen, das Bild

dazu erzählen wir mal.

Frühmorgens waren wir auf dem Markt, leckeres frisches Obst für den Abend kaufen, ich erstand noch etwas Brot für sofort, hungrig wie immer; dann radelten wir zum heiligen Sam Mountain, an die vierzig Grad im Schatten, uff. Für Vietnamesen ist es mehr als absurd, einen Berg hochzuradeln, Mopeds dienen für alles, also bekamen wir genügend Aufmerksamkeit! Steil genug war's auch, einundzwanzig Gänge hättens vielleicht geschafft, wir und unsere vietnamesischen Räder hatten aber einige Schiebepassagen bei Saunatemperaturen zu absolvieren. Man sieht da oben über endlose Reisfelder, bis nach Kambodscha. Den Sonnenuntergang wollte ich genießen, aber das passt hier nicht so ganz, da wo man gut schauen könnte, verbirgt ein überquellender Müllplatz den Ausblick. Kurzum kehrten wir schnell wieder um, den Liter Schweiß war die Reise trotzdem wert und runter ging's wirklich flott, um nicht zu sagen zu flott mit nicht vorhandenen Fahrradbremsen an Harrys Fahrrad.

Essen gönnten wir uns in einer ausnahmsweise nicht direkt an der Straße liegenden, ruhigen Küche, viele nette Angestellte, keine englische Verständigung, außer uns eigentlich keine sichtbaren Gäste, aber trotzdem Mopeds und volle Tabletts. Seltsam! Vielleicht staatlich geführt oder Rotlichtmilieu? Wir wissen's nicht. Das Essen war jedenfalls lecker.

Bei der immer so frühen Dunkelheit radelten wir im lautstarken Gehupe ohne Licht „nach Hause", den Chaos-Zweiradverkehr genießen wir bald. Hier sitzen wir jetzt im Zimmerchen, hören Radiohead und schneiden das saftige Obst von heute Morgen über dem aufgeschlagenen Vietnambuch auseinander, das saugt gut auf und wir brauchen es leider nicht mehr.

Jetzt haben die Buchstaben doch erzählt, wahrscheinlich mussten sie raus, Gedanken können fliegen, wir haben dich so lieb.

Die Gattung Mensch

Was ist der Mensch? Wilde Bestie oder soziales Wesen? Diese Frage stellen wir uns immer mehr und sinnieren mittlerweile Abende lang darüber nach. Was wir Tag für Tag auf den verschiedenen Straßen erleben, spricht nur für die zweitgenannte Alternative. Freundliche Gesichter überall, wir mussten uns noch nie irgendwo bedroht fühlen, egal, wie verschieden die Kulturen und Menschen sind, welchem eigenen Zweck sie auch nachgehen mögen, immer ergeben sich freundliche Kontakte, Gespräche und nicht selten herzlich erlebte Gastfreundschaft.

Was wir aus der oft so jungen Geschichte der Völker erfahren, und hier dürfen wir unser Heimatland nicht ausnehmen, spricht für die Bestie. Schon das Grauen der vietnamesischen Vergangenheit lässt gewiss nicht unberührt und was hier in Kambodscha vor gerade mal dreißig Jahren geschehen konnte, entsetzt über die Maßen. Wie konnte die Welt einem solch brutalen Völkermord unter dem Regime der Roten Khmer zusehen? Wie kann ein Mensch seine Mitmenschen mit brutalsten Mitteln zu Tode foltern? Warum gelingt es machtsüchtigen, skrupellosen und ohne Zweifel intelligenten Menschen immer wieder, ein ganzes Volk zu tyrannisieren und ins Elend zu stürzen?

Die Museen und Schauplätze in Phnom Penh und die Auseinandersetzung mit der düsteren Vergangenheit lassen uns gedanklich nicht sofort in den fröhlichen Sabbatalltag entfliehen, geben uns aber das dankbare Bewusstsein, die engen Zellen, entsetzlichen Folterinstrumente und die Grabstätten zerschlagener Schädel einfach freien Schrittes verlassen zu können. Freiheit - Glück und Geschenk!

15. März: Unterwegs

Unterwegs ist man lange in Kambodscha, auch für kurze Distanzen müssen Stunden veranschlagt werden. Enge, überhitzte Fahrzeuge auf holperigen, oft nicht asphaltierten Straßen, plötzliche Stopps und Fahrzeugwechsel verbunden mit langen Wartezeiten im Niemandsland oder unbegründete Polizeikontrollen, die lautstark ein Handgeld für die Weiterfahrt zu erpressen versuchen, machen eine Reise über Land nicht überaus bequem. Ein Bootstrip im kleinen, überfüllten Blechkahn, der beim derzeitigen Niedrigwasser immer wieder auf Grund läuft, ist kaum angenehmer. Aber Augen, Ohren und Nase saugen Farben, Stimmen und Gerüche auf, erleben, wie die Bevölkerung abseits der Städte haust, die Kinder fröhlich im Schlamm spielen, Männer wie Frauen ihre Wäsche im trüben Fluss waschen oder die tägliche Morgentoilette ein voll bekleidetes Eintauchen in die braunen Fluten bedeutet.

17. März: Angkor Wat und Co

Kambodscha, ein Land voller Gegensätze. Wirtschaftlicher Aufschwung in den Touristenstraßen neben sichtbarer Armut in den Seitengassen. Menschen als Lebenskünstler, die nach "Essen und freiem Leben in Frieden" streben, wie es ein Einheimischer im interessanten Gespräch gestern formulierte. Ein Land am Scheideweg, so scheint es, Demokratie- und Justizbestreben auf der einen Seite, Korruption und Ineffizienz auf der anderen. Eine Geschichte, die den Bogen vom Glanz des mächtigen Angkor-Reiches bis zum Entsetzen der jüngsten Vergangenheit spannt.

Die Schätze der ruhmvollen Seiten zu entdecken, machten wir uns in Siem Reap auf den Weg zu den zahllosen mächtigen Tempelanlagen der Gottkönige. Angkor Wat, die Mutter aller Tempel, als Weltwunder gehandelt, beeindruckt über die Maßen. Mauerwerke, die jedes europäische Schloss wie ein Spielzeug wirken lassen, stehen in perfekter symmetrischer und symbolischer Ausrichtung. Übersät mit mystischen, kunstvollen Gravuren beginnen sie Geschichten zu erzählen, lassen die Phantasie sprießen. Entlegene Tempel hat der Urwald sich großteils wieder zurück erobert, was den überwältigenden Eindruck aber keinesfalls mindert.

Ein Erlebnis nicht nur für die Sinne, auch für die körperliche Konstitution! Mit dem klapprigen Leih-Fahrrad auf staubigen Wegen bei weit über vierzig Grad im nicht vorhandenen Schatten unterwegs, weiten sich sämtliche Schweißporen. Ein Saunaerlebnis ohne jegliche Chance auf kalte Dusche, das heißt Simone-Klima, Harry leidet. Nach durchstandener Tortur bezeichnete er unsere dreißig Grad warme Unterkunft als Kühlschrank.

21. März: Regen bringt Segen?

Die Überraschungen lauern in Kambodscha an jeder Ecke und führen nicht selten zum nächsten Abenteuer. Die erste Überraschung lieferte gestern früh der Wettergott, es regnete in Strömen, ungewöhnlich für die Trockenzeit, nach der brüllenden Hitze und der stehenden, schwülen Luft der letzten Tage aber eine Wohltat für Mensch und Natur. Weniger wohltätig wirkten sich die Wassermassen allerdings auf unsere Route über unbefestigte Straßen im Nordwesten Kambodschas aus. Was bei Trockenheit vielleicht noch als Holperstrecke bezeichnet werden könnte, verwandelte sich innerhalb kürzester Zeit in tiefen Morast und wenig später steckten wir hoffnungslos im Schlamm fest. Nachdem Stunden später ein Bagger zum Einsatz kam, ging es ein paar Meter weiter, bis zum nächsten Hängenbleiben, ein Spiel, das sich noch etliche Male wiederholte. Während Harry in eine Art stoischer Meditation versank, hatte ich Mühe, die Enge, die Unbeweglichkeit und das damit einhergehende Gefühl der Hilflosigkeit zu ertragen. Beim Versuch, den sich irgendwann meldenden menschlichen Bedürfnissen menschenwürdig nachzugehen, blieb mein Schuh im knöcheltiefen Morast stecken, das gab immerhin was zu lachen, und über Lehm verschmierte Klamotten und Haut brauchte ich mir nach seiner erfolgreichen Rettung auch keine Sorgen mehr zu machen.

Nach neun Stunden ohne wesentlicher Fortbewegung hieß es Fahrzeugwechsel, wir stiegen mit Sack und Pack und zahlreichen Mitreisenden auf die offenen Ladeflächen zweier Pickups und ratterten, wie die Ölsardinen zusammen gepfercht, stundenlang durch Schlamm und hüpften über Stock und Stein. So langsam begann diese Reise Spaß zu machen, wenn sie auch für einige blaue Flecken sorgte. Nach insgesamt stolzen hundertfünfzig Kilometern, langen dreizehn Stunden und mindestens einem Kilo Dreck über den ganzen Körper verteilt gelang es tatsächlich noch am selben Tag, die Grenze zu Fuß zu überqueren und thailändischen Boden zu betreten, wo wir später, kurz nach Mitternacht, für wenige Stunden noch ein Nachtlager fanden, bevor es früh am nächsten Morgen auch schon wieder weiter ging. Tschüss Kambodscha, du spannendes, interessantes Land!

27. März: Mach mal Pause

Wir dachten lange nicht daran. Zwei Tage auf der Insel Koh Chang, so unsere erste Intention, dann geht's weiter, Thailand entdecken. Schnell kamen erste Zweifel auf, ob die Weiterreise wirklich so dringlich sei? Blaues Meer, Palmen und vor allem die ruhige, lockere Atmosphäre auf der Insel luden uns ein zu bleiben, zudem hinterließen die vielen Erlebnisse der letzten Wochen ein reiches Sammelsurium an Eindrücken und Gefühlen, die Kopf und Seele noch in Atem hielten. Wir verlängerten unseren Aufenthalt, verbunden mit kleinem Ortswechsel, um zwei Tage. Nachdem wir anfänglich erst die nähere Umgebung und tags darauf die halbe Insel erkundet hatten, beschlossen wir, jetzt einfach einen Tag lang zu faulenzen. Es gefiel!
Palmenstrand, rauschende Wellen bei Badewannentemperaturen und ein wunderschönes Fleckchen, das vom Massentourismus noch nicht erobert worden ist, ließen uns weitere zwei Tage anhängen. Jetzt faulenzen wir fröhlich weiter, lesen Bücher, baden beim rot glühenden Son-

nenuntergang im Glitzermeer, reflektieren und spüren, wie gut sie uns tut, die Reisepause.

1. April: Bangkok

Wieder begegnen wir einer Millionenstadt, die scheinbar mühelos ihr breites Dach über so viele verschiedene Pole spannt. Hier die dunklen Gossen der ärmlichen Wohngegenden, zahllose Menschen wohnen dicht an dicht in ihren kleinen Blechhütten unmittelbar an schwarzen Kanälen, die mehr Müll und Fäkalien als Wasser mit sich führen. Stechende Gestanksschwaden, die uns Langnasen den Atem rauben, wallen durch die engen, schmutzigen Gassen. Dort die riesigen, Neon beleuchteten Einkaufszentren mit perfektem Service und klimatisierten, sauberen Fußgängerpassagen. Während in dieser Glitzerwelt Polizeipräsenz und Sicherheitskontrollen Recht und Gesetz zu gewährleisten scheinen, könnten wir um die nächste dunkle Ecke ohne Probleme gefälschte Ausweise, Führerscheine oder Diplome erwerben, von manchen nicht unbedingt legalen Konsumgütern ganz zu schweigen. Eine Stadt voller Extreme, eine Stadt, die kocht und brodelt, und das nicht nur auf Grund der aktuellen Tagestemperaturen von vierzig Grad. Wir kochen mit in dieser asiatischen Suppe, schwimmen neugierig hin und her, bevor wir morgen über den Tellerrand ins kühle Europa zurück hüpfen.

2. April: Hallo Europa

Von Ländern des Lächelns in nur einer Halbtagesreise nach London Heathrow versetzt, verwundern uns die ernsten Mienen der Passanten. Während in Südamerika oder Asien Blickkontakte gerne gesucht und mit einem Lächeln quittiert werden, starrt hier jeder verschlossen vor sich hin. Ein aufgeregtes, weinendes Mädchen, das fürchtete den Flug zu verpassen und eben noch in den Shuttle-Bus zum Terminal hüpfen wollte, wurde barsch angeherrscht, der Bus sei voll und sie habe zu warten wie alle anderen auch. In Asien hätten sich vier Mal so viele Menschen fröhlich durcheinander plappernd in den geräumigen Bus gequetscht.

Ist es Zufall oder liegt es an meinen gefilzten Haaren? Obwohl nur auf der Durchreise, stürzte sich jede Kontrolle auf uns. Mein Rucksack wurde bis in den hintersten Zipfel durchsucht, selbst die Jackentaschen umgekehrt. Erstaunlich, was dabei alles zu Tage trat, sogar ein längst verloren geglaubter Kugelschreiber kam plötzlich wieder zum Vorschein. Als der seriöse Beamte den Beutel mit den Wertsachen in den Händen hielt, kommentierte er Dienst beflissen, er gehe davon aus, dass sich hierin die Dokumente befänden. Wahrheitsgemäß und amüsiert erwiderte ich nein, ein Engel und zwei Buddhas. Nun zuckte tatsächlich ein Mundwinkel meines Gegenübers und als er die Talismen zu Gesicht bekam, verwandelte es sich gar in ein Grinsen. Es darf also auch in London gelächelt werden.

Kulturschock

Sind wir noch Europa tauglich? Es hat nicht den Anschein. Eine Schikane jagte in unseren Augen die nächste, erst die vielen Gepäck- und Personenkontrollen in London, dann sollte plötzlich Harrys Weiterflugticket nach Rom nicht in Ordnung sein, weswegen ihm der Zutritt zum Flugzeug bis wenige Sekunden vor Abflug verwehrt wurde. Mürrische Blicke, harsche Worte, wo sind wir hier gelandet?

Endlich in Rom angekommen, stiegen wir in den falschen Zug. Obwohl in größter Eile, um das Schiff nach Palermo noch zu erwischen, wurden wir auch hier wieder voller Misstrauen zeitaufwändig und gründlich kontrolliert.

Früh am nächsten Morgen gelangten wir nach Palermo, wo wir gleich die Überfahrt nach Spanien organisieren wollten. Die avisierte Linie Palermo – Valencia ist eingestellt, erfuhren wir nach langem Suchen und Fragen. Damit müssen wir auf die Route Civitavecchia – Barcelona ausweichen. Wir trotteten durch den strömenden Regen und meinten, einen vorbeifahrenden Bus einfach anhalten zu können. Weit gefehlt, wir sind in Europa. Mit den Einbahnstraßen kamen wir ebenfalls nicht zurecht, vergeblich suchten wir auf der falschen Straßenseite nach einer Bushaltestelle. Menschen eilten hektisch an uns vorbei, ohne den Kopf zu heben oder zum Gruß freundlich zu nicken.

In Asien haben wir auf Fragen nach unserer Herkunft oft Europa angegeben. Dieses Europa – unsere Heimat?

9. April: Oliveri zum Zweiten

Beinahe beschlich uns das Gefühl, nach Hause zu kommen, als wir nach langer Reise wieder in Oliveri eintrafen. Unsere Fahrräder warteten treu auf uns und freuten sich wohl ebenso wie wir, wieder bewegt zu werden. Zunächst verbrachten wir noch einige Tage in Oliveri, sortierten unser vieles angesammeltes Gepäck, hier Radtaschen, dort Rucksäcke, und schickten einmal mehr ein Paket mit überflüssigem Ballast nach Seedorf. Daneben genossen wir mit nostalgischer Freude die mittlerweile vertrauten Plätze und Menschen bei kleinen Touren und einen gemütlichen Abend mit Jürgen und seiner Familie.

Jetzt strampeln wir wieder! Die Wiedergeburt des ganz speziellen Lebensgefühls, in den Tag hinein zu radeln, in unmittelbarem Kontakt zu Mensch und Natur und mit dem Komfort unserer luxuriösen Radausrüstung - Küchenutensilien, kuschelige Schlafsäcke und das geräumige Zelt, unsere zweite Heimat.

11.-17. April: Kurs West

Eine liebe alte Schulfreundin verbrachte die Osterferien in Spanien und fragte in einer SMS, die uns in Thailand erreichte, ganz kess, ob ich an meinem Geburtstag auf einen Sekt vorbei kommen wolle. Natürlich!

Wo ein Wille ist, ist auch ein Weg. Wir trafen schließlich erst einen Tag später ein, aber der Sekt stand noch kalt und war beileibe nicht das einzige Vergnügen während der zwei gemütlichen Tage und langen Plauderabende mit Susi, Stefan und den Jungs.

Kalt zeigte sich leider auch das Wetter hier, ganz im Gegensatz zum prächtigen Deutschlandsommerwetter. Dauerregen empfing uns, ein Segen für die eigentlich trockene Gegend, aber nicht unbedingt für zwei Radler. Wir kamen wieder einmal so triefend an einem Campingplatz an, dass uns sofort ein leer stehender Wohnwagen zum Nulltarif angeboten wurde. Als wir am nächsten Spätnachmittag, wieder tropfnass und Dreck bespritzt, an einem Bahnhof vorbei radelten, beschlossen wir kurzerhand mit Regionalzug-Unterstützung der hiesigen Wetterküche sprunghaft zu entfliehen. Die Flucht lohnte sich, am nächsten Morgen weckte uns ein Sonnenstrahl. Schön!

Der Frühling lacht jetzt aus allen Winkeln, die Vögel zwitschern ihre alten Lieder, vertraute Gerüche kitzeln unsere Nasen neben dem intensiven Duft der zu blühen beginnenden Zitrusbäume. Ja, Europa hat auch seinen Reiz. Wir entdecken ihn wieder.

Wir beißen uns durch

Tapas, ein Essvergnügen! Kleine Portiönchen erlauben es, vieles zu kosten. Manche Köche rühmen sich, achtzig verschiedene Tapas anzubieten, wo anfangen, wo aufhören? In Spaniens Hinterland stellen sich die Qual der Wahl und auch der Griff zum Geldbeutel nicht mehr. Wie überrascht waren wir, mit einem Glas Bier auch gleich ein Gratispfännchen Paëlla serviert zu bekommen. Eine weitere Spezialität begleitete das nächste Getränk. Durstig waren nicht mehr, aber neugierig - Tortilla gab's zur letzten Runde. Ein einmaliges Ereignis? Mitnichten. Beim nächsten Mal dieselbe Schwaben entzückende Rechnung, ein Glas gleich ein Tellerchen, Überraschungen inklusive, wie zum Beispiel das

scheinbare Blaukraut, das sich bei Nachfrage als landestypische Blut-
wurstspezialität entpuppte und plötzlich im Simonehals stecken zu bleiben drohte. Tja, wer Asiens Ratten- und Hundedelikatessen erfolgreich
aus dem Wege gehen konnte, hat damit offensichtlich nicht automatisch
den kulinarischen Weltführerschein erworben - Europa setzt Grenzen.
Was soll's! Die nächsten Tapas warten.

27. April: Das himmlische Kind,

der Wind, gibt uns derzeit den Marschrhythmus vor. In Spanien dirigier-
te er ein furioses Rückenwind-Allegro, das uns fünfzig Kilometer sozu-
sagen auf einer Sattelhälfte absausen ließ, ohne an jegliche Pause zu
denken. Ruckzuck war der Atlantik erreicht. Fröhliches Durchatmen!
Trotz der vielen Meere, die unsere Tour mittlerweile schon begleitet
haben, ist es immer noch ein Hurra-Erlebnis, an neue Wellen zu gelangen.

Jetzt in Portugal, westliche Algarve, verlangt uns der Dirigent mit stür-
mischem Gegenwind plötzlich ein träges Andante ab. Als ob wir es
nicht akzeptieren wollten, peitscht er uns seinen Takt mit Wucht ins
Gesicht. Was vor Tagen noch als lockerer Vormittagsausflug gelten
konnte, entwickelt sich jetzt zur anstrengenden Ganztagestour. Egal, wir
haben Zeit - wer sonst, wenn nicht wir? - und eigentlich passt der ge-
mächliche Rhythmus. Wie viele schöne Fleckchen unseres Kontinents
wären uns ohne die nötigen Pausen verborgen geblieben.

29. April: Großeinkauf

Unsere kleinen Vorräte gingen nicht nur zu Neige, sondern sackten
geradezu in ein Minus. Den kleinen Schnupfen bedienten wir mangels
Papiertaschentücher mit gehorteten Servietten und das Zeltfrühstück der
letzten Tage bestand neben einer Tube Honig und altem Scheiblettenkä-
se aus Brot, das wir bei diversen Tischgedecken regelmäßig mitgehen

ließen. Die schöne Strecke auf kleinen Sträßchen, die wir abseits des großen Verkehrs fanden, verlief auch abseits jeglicher Märkte oder Läden. Ein kleiner Großeinkauf schien uns letztlich angesagt und in Setubal, unserem heutigen Tagesziel, meinten wir die notwendigen Dinge zu bekommen. Ein Gedanke fehlte in unserm Kalkül - es ist Sonntag. Der angepriesene Minimarkt auf dem Campingplatz konnte uns auch nicht aus der Misere helfen, er wird gerade renoviert. Aber ein, zwei Kilometer den Berg hoch, erzählte uns die Dame an der Rezeption, gebe es eine Bar mit kleinem Markt.

Die Strecke entpuppte sich als wesentlich länger und unsere Tante Emma sah alles andere als vielversprechend aus. Eine Rumpelkammer mit einigen Dosenprodukten, Oliven und verschimmelten Orangen, in der zudem zwei Hunde wild herum tobten. Tomaten und Zwiebeln sahen aber gar nicht übel aus und versprachen schon ein nettes Salätchen. Falls wir was Spezielles wollten, meinte die Frau am Tresen, könne sie schauen, was gerade da sei. Wir meldeten alle Wünsche - Brot, Käse, Taschentücher, vielleicht auch ein bisschen Wein? Klar, kein Problem, lautete die Resonanz. Sie führte uns in einen winzigen Hinterraum, in dem tatsächlich kleine Käselaibchen neben dunkelrotem Schinken und einer letzten Einzelpackung Tempos ruhten, Brot aus dem obersten Regal duftete und der offene Wein in Plastikflaschen abgefüllt wurde. Wir griffen zu. Wein für den Sonntagabend, zwei feine Vesper, drei Frühstück und zehn Mal kräftiges Naseputzen landeten für zwölf Euro glücklich in der Tasche.

Vorfreude

Der übliche Jahresrhythmus ist in den letzten Monaten schon durcheinander geraten. Weihnachten verbrachten wir bei tropischen Temperaturen unter Palmen, Silvester mit unseren Verfolgern vergnüglich in Neuseeland und während in Deutschland die Narren das Zepter in der Hand hielten, feierten wir mit den Vietnamesen den chinesischen Jahreswechsel. Jetzt Ende April beschleicht uns plötzlich ein prickelndes Gefühl, ähnlich wie das eines Kindes kurz vor der Weihnachtsbescherung. Spannende Vorfreude auf den Tag X. Wir erwarten lieben Besuch! Mam, Paps, Sarah und Sebi fliegen nach Lissabon, in wenigen Tagen werden wir sie treffen. Haben sie sich verändert? Wie sehen wir in ihren Augen aus? Das letzte Dreivierteljahr hat bestimmt nicht nur in Kopf und Herz seine Spuren hinterlassen. Mam wird vielleicht bemerken, dass Harry's Haare den Hauch eines Grautons vertiefen und Paps könnte irgendwann dezent anfragen, ob ich meine geliebte Zottelfrisur bis zum Sommer nicht wieder ändern wolle. Wir freuen uns! Es gibt so viel zu fragen, so viel zu erzählen.

10. Mai: Lissabon

Die charmanten Gassen Lissabons kannten wir schon von früheren Reisen, die lieben Gesichter unserer Besucher waren uns mehr als vertraut und beides zusammen nach langer Zeit wieder zu sehen, bedeutete pure Freude und Genuss. Wir verbrachten erst drei Tage zusammen am Atlantik, ehe wir in die Hauptstadt umzogen, wo sich die im Internet entdeckte Wohnung als Glücksgriff entpuppte. Ein Altbau, inmitten des Bairro Alto gelegen, von außen morbid und unscheinbar, aber innen so stilvoll restauriert, dass wir auch ohne einen Fuß vor die Tür zu setzen uns hätten vergnügen können. Nicht aber, wenn eine Stadt wie Lissabon rundum ihre Verlockungen ausbreitet!
Im Fado-Lokal lauschten wir der traditionellen Musik, in welcher sich die Portugiesen ihre bittersüßen Erinnerungen an vergangene Zeiten stimmgewaltig von der Seele singen. Wir schlenderten durch Alfamas Gassen, stiegen auf die Mauern des Castellos, staunten über Leonardo da Vincis Camera Obscura, spürten der Ruhe im Monasterio de Jeronimos nach und vergaßen auch nicht die Geburtsstätte des Antonius zu

besuchen, nachdem Paps erzählt hatte, die Dienste dieses Heiligen, der sich für verloren geglaubte Gegenstände verantwortlich zeigen soll, täglich in Anspruch zu nehmen. Daneben blieb uns genügend Zeit, am großen Tisch gemeinsam zu essen, lange zu sitzen und auf gut Schwäbisch zu schwätzen.

Jetzt radeln wir weiter, begleitet von den Gedanken an die schönen Tage und dem Nachklang kleiner Fadomelodien.

12. Mai: Südeuropas Schwabenland

Je länger wir in Portugal unterwegs sind, umso mehr fühlen wir uns an unsere schwäbische Heimat erinnert. Die kleinen Häuschen in der landwirtschaftlich geprägten Gegend, die gut bestellten Gemüsegärten oder der Tratsch am Nachbarzaun und weit mehr noch die Menschen selbst vermitteln den Schwabeneindruck. Für Südeuropäer ungewöhnlich ernst, meint man anfangs beinahe, an unfreundliche Menschen geraten zu sein. Nicht lange. Ruckzuck ändert sich das Bild, nach erstem Abtasten wächst eine Herzlichkeit, die uns wohl fühlen lässt.

Bei einer Einkehr meinten wir, an ein besonders mürrisches Geschöpf geraten zu sein. Wasser und Bier und vielleicht etwas zu essen? Es schien der Wirtin nicht übermäßig zu behagen. Doch nuschelte sie irgendwas von Tagessessen, Fisch oder Fleisch, Beilagen inklusive, billiger Preis. Wunderbar, dachten wir, und mit tiefem Ernst nahm sie unsere unkomplizierte Bestellung entgegen. Als gleich ofenfrisches Brot und feine Oliven auf den Tisch kamen und wir uns auf portugiesisch bedanken wollten, lächelte ein Mundwinkel. Nachdem Fisch und Fleisch weggeputzt worden waren, verzog sich auch der andere ein Stück nach oben. Einen jähen Einbruch erlebte die errungene Freundlichkeit, als wir die Frage nach Nachtisch und Kaffee vehement verneinten. Die Rechnung rang schließlich uns das Lächeln ab, lag sie doch in annähernd asiatischem Bereich, aber auch weil unsere Getränke darauf fehlten. Wir beschlossen ehrlich zu sein und wollten diese unaufgefordert mit bezahlen, woraufhin die Frau Wirtin erklärte, oh nein, beim Tagesessen seien Vorspeise, Getränke und Nachtisch im Preis enthalten. - Aha, wie schön! - Ob wir jetzt doch Kaffee wollten? Ich wollte, sie lachte, Nordschwaben unter Südschwaben. Zum Abschied winkte sie uns fröhlich nach.

17. Mai: Guter Rat von gutem Rad

Keine wirkliche Panne gab's bisher bei über sechstausend Kilometern, ein Lob an unsere Räder und mehr noch an unseren heimischen Radmonteur. Jetzt aber ereilte sie uns. Neben dem Kampf gegen den massiven Gegenwind suchten wir erfolglos Hügel auf- und abwärts nach einem aus Porto herausführenden Sträßchen, das weder am Hafen endet noch sich in eine Autobahn verwandelt, als es bei einer besonders steilen Auffahrt plötzlich 'Raaatsch' machte und die Kette meines Rads blockierte. Noch sah es nach einem kleinen Problemchen aus, aber schon innerhalb kürzester Zeit ereilte uns dieselbe Misere wieder und schließlich gab's alle hundert Meter schwarze Finger. Später zeigte sich, dass sich Kette und Ritzel definitiv aus ihrem funktionierenden Leben verabschieden wollten. Glückskinder, die wir offensichtlich sind, kämpfte sich das Fahrrad mit Hilfe kleiner Streicheleinheiten noch bis zu einem netten Zeltplatz zwanzig Kilometer hinter Porto, weiteres Glück, dass in dieser sehr ländlichen Gegend eine winzige Rumpelkammerwerkstatt mit einem ölverschmierten Monteur zu finden war, der andeutete, bis übermorgen die Ersatzteile eventuell beschaffen zu können. Nach portugiesischer Zeitrechnung heißt das „mal schauen und warten". Genau das tun wir jetzt mit Vergnügen. Wir schlendern durch Portos Gassen, entwickeln uns durch Kellerei-Führungen zu Portweinexperten, wandern am Atlantik bei Sonnenschein stramm dem Wind entgegen und merken, dass das Fahrrad absolut recht hatte, hier eine

Pause zu verlangen.

22. Mai: Schneller als die Polizei erlaubt?

Zwei verschiedene Straßenkarten Galiziens besitzen wir, zwei verschiedene Verkehrsnetze scheinen sie abzubilden und die geradelte Realität zeichnet schließlich das dritte endgültige Bild. Einige Male mussten wir in den letzten Tagen schon umkehren, was uns immerhin den Genuss verschaffte, ein kleines Stück mit kräftigem Rückenwind dahin zu fliegen. Im Straßengewirr hinter der Grenze boten unsere Karten gar konträre Informationen, hier wurde unsere Route als Autobahn, dort als Nationalstraße gekennzeichnet, Alternative gleich Mangelware. Schließlich radelten wir nach Gefühl und versuchten beständig, die vielen blauen Autobahnschilder zu vermeiden, bis wir schließlich doch auf einer verdächtig vierspurig ausgebauten Straße landeten. Ein kurzes Zögern, aber ein Verbotsschild für Kühe, Fahrräder und Fußgänger war genauso wenig zu erblicken wie eine verkehrsärmere Straße, also okay, Augen zu und durch!

Neben brausendem Schwerlastverkehr traten wir auf dem großzügigen Seitenstreifen kräftig in die Pedale. Nach einigen flotten Kilometern beschlossen wir immerhin verantwortungsbewusst, die auf dem Gepäck dösenden Radhelme aufzusetzen. Wenig später wurde unser Eilflug jäh gestoppt, Polizei! Au Backe. Ein Beamter hüpfte flugs aus dem Wagen, wir erwarteten eine barsche Zurückweisung, doch zu unserer Überraschung bedauerte er lediglich die Störung und erwähnte höflich, Radeln sei hier zu gefährlich und nicht erlaubt. Das Gefühl hatte uns auch schon beschlichen, versuchten wir auf spanisch entschuldigend zu erklären, mit der Frage, wo es denn lang gehen könne? Eine galizisch flotte Wegbeschreibung, ein kurzes Zögern, schon lotste der nette Polizist die vorbeirauschenden Fahrzeuge mit seiner Kelle auf die Überholspur, damit wir auch richtig bequem umkehren konnten und auf dem vertrauten Seitenstreifen ging's nun dem Verkehr entgegen. Falsche Falschfahrer auf der Autobahn? Minus minus ergibt plus, sagt der Mathematiker. Mit welchem Status auch immer, wir fanden einen Weg, den Helm behielten wir auf, Santiago, wir kommen.

24. Mai: Santiago de Compostela

Seit Lissabon bewegen wir uns immer mehr auf Pilgerpfaden, verläuft ab hier doch einer der vielen Stränge des Jakobusweges nach Santiago de Compostela und auch Fatima lockt die Pilgerer auf die Straßen. Manche erwecken den Eindruck, sich zu viel zugemutet zu haben, humpeln mühsam daher und kommen nach einer Pause kaum mehr in die Gänge. Aber ihr Ziel werden sie bestimmt überglücklich erreichen, ein überwältigendes Gefühl, das nachhaltig bleibt, während Blasen oder verkrampfte Muskeln schnell vergessen sind.

Obwohl wir nicht sonderlich dem Pilgergedanken nachhängen, hieß unser Kurs unbeirrt Santiago de Compostela und als wir die Stadt nach zähen Hügelkilometern gegen den immensen Nordostwind endlich erreicht hatten, mochten wir die letzten Radtage beinahe als Pilgerfahrt bezeichnen. Natürlich führte unser Weg auch zur Kathedrale, wo uns auf dem Vorplatz dieses mächtigen Bauwerks plötzlich ein Hauch von Sentimentalität überrollte, als drei ältere Frauen mit Rucksack die Treppe hochhumpelten, sich unter Tränen herzlich umarmten und in vertrauter Sprache zu hören war, "mir hend's g'schafft, Martha, mir sind da!"

Unsere Gedanken wanderten zurück, zum Start unserer Sabbattour. So fern, so fremd, so spannend und aufregend schien alles. Jetzt stehen wir da, ruhig und gelassen, gesund und fröhlich, mit einem unermesslichen Reichtum an Erlebnissen, Erfahrungen und Begegnungen. Danke.

Hi Sarah,
beim Radeln blubbern so viele Gedanken durch den Kopf und konkreti-

sieren sich, und am Telefon bleibt immer so viel ungesagt, jetzt möchte das aus den Händen fließen.

Ich habe noch drüber sinniert, was die Stadt ausmacht. Zwei Bilder dazu: Uns beide, nach der Messe, zum Seitenausgang sind wir raus und setzten uns einfach auf ein Mäuerchen, weinten ein bisschen, aber gar nicht traurig, im Gegenteil, glücklich und dankbar. Wir brauchten nichts zu sagen und teilten doch so viel. Ein zweites Bild erzählte mir Harry, ich hab's gar nicht gesehen, weil ich nach einer alten Frau geschaut habe, die auf der Treppe hingefallen ist. Eine Gruppe Pilgerer, darunter ein kräftiger Zwei-Meter-Mann mit Riesenrucksack, in dem sich wahrscheinlich auch die Utensilien der anderen befanden. Er stellte auf der Treppe des Seitenportals den Rucksack ab, sackte in sich zusammen und musste so sehr weinen, dass es ihn schüttelte. Das ist es. Der Ort geht nach innen.

Das Wetter wird daneben unbedeutend, man sollte gar nicht soviel darüber reden, wenn es hier auch immer kälter und regnerischer wird. Was wichtig und schön ist, ist dass wir und ihr gesund, zufrieden und fröhlich sind.

Eine philosophische Mail. Wegschicken? Ich gebe sie mal Harry zu lesen.

Er sagt "schön".

Grüßle von uns beiden

27. Mai: Alle Tage ist kein Sonntag

Wenn auch der Kalender Pfingsten anzeigt, entwickelt sich nicht jeder Sabbat-Tag automatisch zum puren Sonntagsvergnügen. Es gibt Tage, an denen die Wetterfrösche sich mit der Ankündigung von weiteren Tiefsttemperaturen leider kein bisschen irren, die Wolken noch etwas tiefer hängen und mit beginnendem Nieselregen ihre Lust zeigen, die schwere Last abzuladen. Nach dreißig Hügelkilometern froren wir uns trotz dampfender Suppe ziemlich nass durch die Mittagspause. Doch die blauen Stellen am Horizont, mit denen wir uns schon lange verabredet hatten, zeigten sich nachmittags in der Ferne, zudem machte der Wind uns plötzlich ein Freundschaftsangebot und drehte auf West. Mit neuem Elan schwangen wir uns auf die Räder, der Sonne und einem netten Zeltabend entgegen, wie uns Himmel und Karte jetzt zu versprechen schienen. Auf keinen Fall wollten wir die Nacht in einem der immer wieder vereinzelt am Straßenrand stehenden, kastenförmigen Hostels verbringen, die außer einem Dach überm Kopf nichts als Langeweile zu bieten haben, wie wir meinten, und unseren Sonntagabendvorstellungen überhaupt nicht entsprachen.

Ein Fluss stoppte abrupt unser Radvergnügen an der Grenze von Galizien nach Asturien, es gibt hier zwar eine große Brücke, aber über diese führt nur die Autobahn, Radeln wieder einmal verboten. Da muss es noch einen anderen Weg geben, behauptete die Optimistin jeden Zweifels erhaben. Also zurück ins Städtchen, über Kopfsteinpflaster rüttelnd steil nach unten auf Meereshöhe, nur um zu erkennen, dass auch Optimisten sich manchmal irren. "Mierda" sagt man in Spanien, wenn es nicht so läuft, wie man gerne möchte. Die kommunalpolitischen Trennungsbemühungen kannten wir ja von den überall prangenden Wahlplakaten, aber muss sich der Separatismus auch im Verkehrsnetz niederschlagen? Der über zwanzig Kilometer lange Weg flussaufwärts zur nächsten Brücke reizte uns absolut nicht, mein Fahrrad zeigte kleine Schwächen, die Harry's Werkzeug bedurften, der unvermittelt wieder einsetzende Regen bereitete auch kein zusätzliches Vergnügen. Autobahn erfahren mussten wir im wahrsten Sinne des Wortes eigentlich sein und für ein eventuelles Polizei-Intermezzo hatte ich mir die naiv entschuldigenden Worte längst zurecht gelegt - alle Gründe sprachen dafür, den direkten Weg zu nehmen. Die unvermutete Baustelle mit einspuriger, enger Straßenführung ließ zwar eine Autoschlange hinter uns her ziehen, aber die Passage glückte und der Zeltplatz lockte. Doch erwies es sich als verlorene Mühe, den kurvensteilen Weg an die Küste auf uns zu nehmen, cerrado, geschlossen, ein Sommercamping. Unglaublich, wenn jetzt nicht geöffnet ist, wann dann? Obwohl - von Sommer kann derzeit wahrlich keine Rede sein. Der nächste angepeilte Platz im Landesinnern zeigte sich als menschenleerer Ort zerfallener Hütten in einem idyllischen Garten, mit Maschendraht umzäunt. Also wieder zurück. Mittlerweile war ein kleines Toilettenpäuschen dringend angesagt. Vielleicht stellte ich mein Rad in hektischer Eile etwas nachlässig ab, es machte sich selbständig und plumpste dem Bach entgegen. Zum Glück fungierte das hohe Gras als Stoßdämpfer und bremste den Schwung meines Lastesels. Die nächste erfolglose Campingzufahrt wurde immerhin abgekürzt, als zwei Saisonarbeitssuchende im Wohnmobil uns entgegen kamen und es ebenso bedauerten, dass hier an der Costa Verde wohl weder der Sommer noch die Saison begonnen hatten.

Es wurde immer später, die Beine nach vielen Kilometern immer schwerer, der Himmel immer grauer, als plötzlich ein Hostel am Straßenrand auftauchte. Wie sieht so ein Kasten wohl von innen aus? Gar nicht so übel, stellten wir fest, als wir unsere Neugierde kurzerhand befriedigten, außerdem erschwinglich, ein nettes Zimmerchen mit weiß belakten, frisch duftenden Betten und unglaublicherweise mit dem Luxus eines WiFi-Netzes ausgestattet. Als Petrus seine düstere Farbenpalette für das nächstes Aquarell auszupacken begann, saßen wir bereits im Warmen und Trockenen, konnten endlich mal wieder uneingeschränkte Internetmöglichkeiten nutzen und schauten dem Wetterkünstler durch die Fensterscheiben bei seiner nassen Arbeit zufrieden zu. Hatten wir je etwas anderes gewollt?

2. Juni: Das grüne Paradies

Ein Klecks Allgäu muss bei der Schöpfung unseres Kontinents übrig geblieben sein, zu schade zum Wegschmeißen, aber wohin damit? Im Norden der Iberischen Halbinsel fand sich schließlich ein schönes Plätzchen dafür - so könnte man sich die Entstehung Asturiens gut ausmalen. Als 'el paraiso verde', das grüne Paradies, bezeichnet sich diese Region, ein Marketingslogan, der der Realität ziemlich nahe kommt.

Die Picos de Europa, über 2600 Meter hohe Gipfel, reichen bis fast an den Atlantik heran, dazwischen schmiegt sich ein landwirtschaftlich geprägter, hügeliger Landstrich mit kleinen Dörfchen, einzeln stehenden Fincas, satt grünen Weiden und vielen Kühen, deren stetes Glockengebimmel sich in das an die Steilküsten donnernde Rauschen des Kantabrischen Meeres mischt. Eine Gegend, wie geschaffen für Genussradler! Enge Sträßchen mit noch engeren Kurven, die uns alleine zu gehören scheinen, steile Anstiege und rasante Abfahrten, imposante Ausblicke oder brückenwackelige Flussquerungen. Eine Prise Holzäpfelaroma würzt die Szenerie, herber Most wird neben deftiger Hausmannskost in den vielen urigen Sidrerias angeboten. Die nahe Küste sorgt außerdem für die Liebhaber der Meeresküche - uns beiden fehlt's an nichts.

Hi Sarah,

ein Sonnenschribsel kommt. Wir sitzen absolut genüsslich am Zelt. Richtig, AM Zelt, nicht IM Zelt, wir erleben heute einen Sommersonntag, hören laute Musik, wie's zum Sonntag passt, und der halbe Camp hört wahrscheinlich mit – noch hat sich keiner beschwert, nette Leute müssen um uns herum sein.

Gestern sind wir hier gelandet, ein nirgends angeschriebener Zeltplatz, der offen ist und auch paar Leute hat; keine Parzellen, sondern freie Platzwahl auf großem terrassenförmigem Terrain, zwischen einem Fluss und dem Atlantik gelegen. Wenn man an den Strand möchte, kann man sich das Ambiente aussuchen - behäbig fließender Fluss oder aufbäumend wilder Ozean. Daneben eine mittelalterliche Stadt mit majes-

tätischer Burg ... - Du liest sicher schon längst heraus, dass wir hier ein Päuschen einlegen, Zeltleben genießen und das Städtle erkunden wollen. Zeit haben wir auch, haben wir ja sowieso – wer sonst, wenn nicht wir. Noch drei Tage rechnen wir bis Bilbao, am 9. Juni möchten wir losschippern und Tine in England treffen.

So schön ist es, in den Tag hinein zu leben, wir genießen alles intensiv, auch wenn die Tage nicht immer so prächtig aussehen wie heute.

Jetzt guck. Da soll Harry noch einmal sagen, ich würde nicht gern schwärmen.

Ein Grüßle mit Glücksgefühl,

Ma

5. Juni: Verschleißerscheinungen

Die kleinen Wehwehchen zwicken nicht uns, sondern meinen Drahtesel. Kein Wunder, haben wir doch nachgerechnet, dass er in seinem siebenjährigen Leben schon um die fünfunddreißigtausend Kilometer abgeleistet hat, nach solchen Strapazen dürfen die Gelenke auch mal knacken und die ersten Ersatzteile nötig werden. Wie nett, dass diese Probleme eben dann zu Tage treten, wenn wir ohnehin gar nicht sofort weiter wollten. Wenn in dieser Notlage die nächste Werkstatt etliche Kilometer entfernt liegt und der Schaden nicht von einem Tag auf den anderen behoben werden kann, gibt es eben eine längere Pause. Wieder eine Gelegenheit, die nahe Umgebung genauer kennen und schätzen zu lernen. Sabbat eben.

13: Juni: It's teatime

Unsere Fahrräder haben nicht etwa plötzlich Flügel verliehen bekommen, die Fähre von Bilbao nach Portsmouth brachte uns ins Vereinigte Königreich. Derselbe Kontinent, dieselbe Staatengemeinschaft und doch so unterschiedliche Lebenskulturen. Während der malerische Charme der portugiesischen und spanischen Gassen in seiner liebenswerten Unvollkommenheit steckt, präsentiert sich Südengland mit gepflegten Klinkersteingebäuden auf der ersten Seite unseres britischen Hochglanzprospektes. Niemand hält mehr spontan auf der Straße an um neugierig zu fragen, woher wir kommen, wohin es denn gehen soll, aber wenn es nötig scheint, wird mit höflicher Aufmerksamkeit sofort Hilfe angeboten. Häufig finden sich Radwege, die genauso abrupt enden, wie sie wenige Meter zuvor begonnen haben, und hier im Großraum London können wir dem lebhaften Linksverkehr auch auf kleinen Straßen oft nicht ausweichen.

Die kulinarischen Genüsse müssen noch weiter gereist sein. Was vorher ein kerniger Serranoschinken war, kommt jetzt als weicher Bacon daher und das frische Marktgemüse ersetzen blasse Regalprodukte. Der hoffnungsfrohe Versuch, dem weißen Gummibrot überm Gaskocher in der Pfanne etwas Biss zu verleihen, endete darin, dass die weiche Krume sich löste und mit dem Topfboden eine innige Verbindung einging. Queen Elizabeth lächelt uns königlich zurückhaltend auf ihren pfundigen Banknoten zu, um sich weit weniger zurückhaltend aus unserem Geldbeutel schnell wieder zu verabschieden.

Das andere Gesicht der Insel zeigt umso liebenswertere Seiten. Alte, prächtige und gut erhaltene Gemäuer gibt es zu bewundern, große Grünflächen und ländliche Idyllen schieben sich zwischen die städtischen Gebiete und die stilvollen Pubs am Straßenrand lassen es bedauern, dass nicht jede Stunde eine Pause angesagt werden kann. Frisch gemähte Wiesen laden zum Zelten ein, dazu Temperaturen, von denen wir auf der Iberischen Halbinsel die letzten zwei Monate oft nur träumen konnten - England ist die Reise wert.

17.Juni: Inselhüpfen

Dem Verkehrsraum London endlich entronnen, geizte England nicht mit

seinen Reizen. Ein erster Höhepunkt war natürlich, Tine und ihre Bur-
schen in Ampthill zu treffen. Colin zeigte uns schnell, wie lange wir
schon unterwegs sind, von einem Baby hatten wir uns verabschiedet, als
charmantes Plappermäulchen begegnete er uns jetzt. Wir genossen die
herzliche Gastfreundschaft von Isa und Jürgen, deren Waschmaschine,
Küche und Computer wir gerne und nicht wenig nutzten.

Plötzlich fanden sich die erwünschten einsamen Sträßchen, wenn sie
auch kreuz und quer und auf und ab führten, an einzelnen Farmen, kleinen Dörfern und großen alten Kirchen vorbei, alles schmuck und akkurat gepflegt. Das Wetter überraschte schon bei unserer Ankunft im Vergleich mit Spanien aufs Positivste und entwickelte sich nach zwei reg-
nerischen Tagen zu einem Prachthimmel mit Sonne, Wind und dahin-
fliegenden Wattewolken. Schöne Plätze zum Zelten fanden sich immer,
oft bei Farmen, die ihr weites Areal zwar nicht zum Nulltarif, aber dafür
mit warmer Dusche und frischen Eiern anboten.

Jetzt heißt es schon Good bye, wir schippern von Harwich nach Esbjerg,
packen eben in einer engen Sechsbettkajüte unsere Proviantschätze aus,
die in Anbetracht der immensen Preise an Bord auf einem umgedrehten
Abfalleimer umso besser schmecken, sind neugierig auf die uns noch
unbekannten nordischen Länder und als offensichtliche Europa-
Banausen ganz überrascht, dass die Euros in Dänemark und Schweden
gar nicht gefragt sind.

24. Juni: Ein Radelparadies

Kaum Beachtung hatten wir Deutschlands Nachbarstaat im Norden
geschenkt, hopp und quer durch nach Schweden lauteten unsere Gedanken, nun überrascht uns ein perfektes Radwegenetz, mal durch lichtgrü-
ne Waldstücke, in denen sich immer wieder schöne Wohnhäuschen
verstecken, mal über weite, landwirtschaftlich genutzte Flächen und an

großen, einsam gelegenen Landgütern vorbei. Verschiedene Routen führen kreuz und quer durch Dänemark, gut ausgeschildert, immer auf ruhigen Wegen und flankiert von zahlreichen Campingmöglichkeiten. Ein Vergnügen, hier zu radeln! Wie eine flach gedrückte und großteils von Wasser umgebene Schweiz wirkt dieses Land auf uns mit seinem vielen Grün, der sauberen Landschaft und den adretten Siedlungen. Auch das Niveau der Lebenshaltungskosten ist vergleichbar, selbst die Landesflaggen ähneln sich und flattern hier wie dort stolz auf zahlreichen Anwesen.

Endlich gelingt es auch uns Nachteulen einmal mit eintretender Dunkelheit ins Bett zu kriechen, lässt sie sich im Mittsommer hier im Norden doch fast bis Mitternacht Zeit, wenn man das nächtliche Dämmerlicht überhaupt als Dunkelheit bezeichnen kann. Schön war es, gestern das Sonnwendfeuer in einem kleinen Dorf an der Nordküste Själlands mitzuerleben, ein Ereignis, das die Einheimischen, ob alt oder jung, in Scharen zu der kleinen Lichtung lockte, wo der Scheiterhaufen kunstvoll aufgebaut war. Entzündet wurde er erst, nachdem ein gemeinsames Lied angestimmt und die Legende vorgetragen worden waren, wovon wir leider kein Wort verstanden. Das Feuer wärmte uns trotzdem.

27. Juni: "Michel war ein Lausejunge..."
Wer das Buch oder die Kinderserie früherer Jahre kennt, weiß sofort, "...aus 'nem Dorf in Schweden". Dieses Trällerlied verfolgt uns, seit wir hier unterwegs sind. Wenn wir schon in Dänemark meinten, durch Kilometer langes Niemandsland zu radeln, übersteigt die Ruhe und Weitläufigkeit Schwedens diese Dimension um ein Mehrfaches. Lange Strecken ohne Besiedlung, dann und wann ein vereinzeltes Haus, und wenn sich fünf zusammen finden, bekommt die Gruppe ein Ortsschild und nennt sich Dorf. Nach unseren Erfahrungen in England suchten wir erst die ganz kleinen Sträßchen, bevor wir später entdeckten, dass man in

Schweden auch auf Landstraßen kaum einem Auto begegnet. Während die ersten Elchschilder am Straßenrand uns amüsierten, staunten wir umso mehr, als kurz darauf tatsächlich eines dieser Tiere vor unserer Nase auftauchte.

Man kann sich gut vorstellen, dass die Kinder in dieser ländlichen Umgebung fröhlich aufwachsen, sie rennen barfuß über die feuchten Wiesen, bei manchen Höfen tobt eine ganze Orgelpfeifenschar in geflickten Hosen und mit zerschrammten Knien rund um das Anwesen. "Nichts als dumme Streiche hatte er im Sinn". Klar, wo sonst, wenn nicht hier? Wenn wir jetzt noch die kunterbunte Villa mit dem Äffchen und dem Pferd gefunden haben, kann's weiter gehen ins Baltikum.

29. Juni: Fahrradknacker am Werk

Schon vor der Einreise nach Lettland wurden wir von Einheimischen aus Riga dezent darauf hingewiesen, dass unser Fahrrad hier allenfalls inmitten eines Kartoffelackers zwischen vielen Kartoffelkäfern sicher sei. Große Sorge bereiten uns solche Warnungen bestimmt nicht mehr, doch wollten wir wachsam sein und auch das Fahrradschloss nicht ungenutzt lassen.

In Ventspils angekommen, empfahlen uns die grauen Wolken am Himmel und das Grummeln im Bauch, den existenziellen Lebensbedürfnissen Vorrang einzuräumen, in bewährter Arbeitsteilung ging ich einkaufen, während Harry das Zelt aufbaute. Da sich inmitten der Stadt zufällig kein Kartoffelfeld mit Käfern in der Nähe fand, erinnerte ich mich ans Fahrradschloss, kaufte hungrig reichhaltig ein und verstaute die Kostbarkeiten seitenlastig in der Fahrradtasche. Schlüssel rum und „Los" meldeten die Gedanken, Schlüssel rum und „Stop" befahl die Realität. Der abgebrochene Schlüsselbart steckte im Schloss, ein erbärmlicher Rest lag in meiner Hand und die Versuche, mein schwer beladenes Drahteselchen zu befreien, hatten lediglich blutige Finger zur

Folge. Wo steckten sie jetzt, die vielen Fahrradknacker? Weit und breit war keiner in Sicht, dabei hätte ich so dringend einen gebraucht! Schließlich gab's einen strammen Lauf zurück zu Harry und seiner Werkzeugkiste, in Ermangelung einer Säge reichte diese aber leider nicht aus. Ein nahe gelegener Baumarkt versprach Abhilfe, schwäbisch sparsam leisteten wir uns ein billiges, Laubsäge ähnliches Instrument. Endlos fitzelten wir Drähtchen für Drähtchen des Fahrradschlosses entzwei, mehrere Male brach dabei die dünne Klinge ab, eine Aktion inmitten einer belebten Straße mit vielen Passanten - aber niemand scherte sich um unser Vorhaben. Entweder gehören Fahrradknacker hier wirklich zur akzeptierten Tagesordnung oder unser Tun gestaltete sich dermaßen dilettantisch, dass kein Mensch in Sorge geraten konnte. Man braucht nicht zweimal zu raten, welche Alternative der Realität am Nächsten kommt.

1. Juli: Die Säulen der Erde
Wer dieses Buch gelesen hat, kann der Faszination nachspüren, die eine in die Tat umgesetzte Vision wie der Bau einer Kirche in sich birgt. Lettlands wechselvolle Geschichte im Spannungsdreieck Skandinavien, Deutschland und Russland zeugt von zahlreichen solcher menschlichen Kulturleistungen, doch hat sich die Natur vieles weitgehend zurück geholt, was vor Jahrhunderten unter großen Mühen erbaut worden war. Wieder einmal sind es die kleinen Fügungen, die uns das Tor zu einer neuen Welt öffnen. Auf der Fähre von Schweden nach Lettland lernten wir zwei liebe Menschen kennen, Wolf und Uschi, deren beider Wurzeln in Lettland liegen und die heute in Schweden ihre Heimat gefunden haben. Sie konnten uns viel über Lettland erzählen und gaben uns wertvolle Empfehlungen, bevor sich unsere Wege trennten. Zufall oder Fügung? Hundert Kilometer weiter und einen Tag später trafen wir sie überraschend wieder, knüpften unsere Bande enger und erfuhren mehr

über ihre mit Lettlands Geschichte verwobene Biographie. Nach Glasnost besuchten die beiden die Heimat ihrer Großeltern und standen erschüttert in der im Jahre 1594 von ihren Vorfahren errichteten und nun dem Zerfall preisgegebenen Kirche, im Dach eine breite Kluft, bröckelnde Mauern, die Familiengruft voller Laub, Schnee und den überall verstreut liegenden Gebeinen der Angehörigen. Eine Tafel dokumentierte noch leserlich die Reihe der ersten Kirchenpatrone, versehen mit dem Zusatz, die fernen Nachkommen mögen sich um die Pflege dieses Ortes kümmern wollen. Ein Funke, der ein Feuer entfacht haben muss, das faszinierende Projekt, diese Kirche zu retten und den Vorfahren eine würdevolle Ruhestätte zu schaffen, wurde geboren und über jetzt bald zwanzig Jahre hinweg nach und nach in die Tat umgesetzt.

Natürlich radelten wir zu dieser Kirche, trafen unsere Freunde wieder und wurden zu unserer Überraschung gleich zum Kaffee mit Pastor, Kirchengemeinderäten und hausgemachten lettischen Spezialitäten eingeladen. Kulinarische Entdeckungsreise quer über die Tafel, danach tiefe Eindrücke beim Kirchenrundgang. Heute präsentieren sich Gotteshaus und Familiengruft in Würde, schlichtem Glanz und ruhiger Schönheit. Welch eine imposante Vision fand hier ihre nachhaltige Verwirklichung, wie klein wird daneben ein Sabbattourchen.

3. Juli: Lettland

So neugierig waren wir auf dieses Land, so interessant und eigen präsentiert es sich uns. In Ventspils überraschten uns die Infrastruktur, die gut bestückten Supermärkte mit originalen Spezialitäten verschiedener europäischer Länder und ein perfekt eingerichteter Campingplatz beinahe zum Nulltarif. Unser Weg ins Landesinnere nach Talsi, einem als typisch lettisch angepriesenen Kleinstädtchen, führte nur über die Hauptverbindungsstraße, so lange wir die Karte auch studieren wollten. Hier die nächste Überraschung, selbst auf Straßen, die dem Status einer

Autobahn am Nächsten kommen, herrscht kaum Verkehr. Die meisten Verkehrswege sind ohnehin nicht asphaltiert und etliche Kilometer durch weichen Sand und Schotter verlangten uns schon Einiges an Schweiß und Gleichgewichtsvermögen ab, während die wenigen vorbeirauschenden Fahrzeuge für lang anhaltende Staubduschen sorgten. Die Dimensionen menschlicher Bauleistungen am Wegesrand wirken wie durch eine Lupe betrachtet, so groß zeigen sich die Areale der Landgüter, selbst die Sand- und Schotterpisten lassen mit der Breite einer Autobahn stets viel Platz, eine mehr oder weniger geeignete Fahrradspur zu suchen. Was in der Karte als Dorf verzeichnet ist, entpuppt sich oft als ehemaliges Gut mit Nebengebäuden. Schön, wenn sich diese nicht als Ruine präsentieren, sondern restauriert und einem neuen Nutzen zugeführt werden konnten. Am Ehesten finden sich Schulen oder Konferenzzentren hinter den eindrucksvollen Mauern. Doch krönen solche Projekte nicht immer die gewünschten nachhaltigen Erfolge, die Zahl lettischer Schüler oder Konferenzen ist eben nicht unerschöpflich und manches, was vor Jahren noch eine florierende Institution war, zerfällt heute. Kein Wunder bei den geringen Gehältern. Wer etwas kann, verlässt das Land, egal ob Handwerker, Kellner oder Akademiker. Wir erlebten die fruchtbare Partnerschaft einer Hamburger Schule mit Jaunpils, die jetzt nach sieben Jahren beendet wird, da die lettische Kontaktlehrerin bei gerade mal dreihundert Euro Monatsgehalt ihr Glück ab dem nächsten Schuljahr in Irland suchen möchte. Die Hamburger Schüler werden künftig nach Großbritannien reisen.

Nach unseren Wegen durch viele Kilometer Einsamkeit und Naturidyllen wissen wir jetzt auch recht genau, wie unangenehm die Stiche von Pferdebremsen sind oder wie Störche ihr Nest pflegen. Ein langer Fahrradtag durch Niemandsland kann bei endlosem Regen schon etwas zermürben, wenn sich aber schließlich eine überdachte Raststätte findet, entpuppt sie sich meist als Kleinod, in dem alte Bausubstanz erhalten, stilvoll restauriert und in Szene gesetzt wird. Ein solches Ambiente bietet auch Schloss Jaunpils, eine ehemaligen Festung mit Gründungsdatum 1301. Wir gönnten uns den in Lettland noch erschwinglichen Luxus, in dem alten Gemäuer zu übernachten, entfachten stilvoll ein Buchenfeuer im stattlichen Kamin, um ihn später unter Missachtung jeglicher Etikette als Zimmergrill zu benutzen. Das kulinarische Abendvergnügen litt kein bisschen unter diesem Stilbruch, die Schlossgespenster bewahrten Stillschweigen und mit königlicher Freude kletterten wir später in das große Himmelbett.

7. Juli: Land unter, Kopf hoch

War es der Wecker oder das Dauertrommeln aufs Zeltdach, was uns weckte? Egal, klatschnass war jedenfalls alles. Mit unserem Grenzübertritt scheint auch trübes Herbstwetter mit starken Regenfällen und stürmischen Winden Einzug in Litauen gehalten zu haben. Die angeschwollenen Flüsse erreichen bald Brückenniveau, Wiesen werden zunehmend überflutet und manche Häuser stehen knöcheltief im zum Teich verwandelten Garten. Doch der Dauerregen vermag weder schwäbische Radfahrer noch die Bauern dieser landwirtschaftlich geprägten Region von ihren Frischluftaktivitäten abzuhalten. Während unsere zwei Räder die Präzision baltischer Straßenkarten mehr denn je zu schätzen wissen - zeigen sie doch exakt, welche unbefestigte Straße sich in eine Schlammlandschaft verwandelt haben könnte und tunlichst zu vermeiden sei - eilen die Bäuerinnen jeden Morgen in hohen Gummistiefeln auf die mittlerweile sumpfartigen Weiden zu den ungeduldig muhenden Kühen, die mit prall gefülltem Euter sehnlichst aufs Melken warten. Ein alltägliches Bild in Litauen, umrahmt von ein, zwei Störchen auf der Suche nach Nestmaterial oder Futter. Radeln bei Dauerregen macht nicht immer Spaß, die Gedanken fliehen und überlegen plötzlich intensiv, welchen Fettgehalt die handgemolkene Milch nach ihrer unvermeidlichen

Durchmischung mit den Regengüssen wohl noch aufweisen wird? Als ob wir in die Zeit unserer Großeltern gereist seien, fühlen wir uns, wenn wir gebückte Frauen mit Kopftuch und Schürze im großen, vortrefflich bestellten Bauerngarten arbeiten sehen oder die Sense gewetzt und Wiesen von Hand gemäht werden. Gleichzeitig kann es vorkommen, dass uns ein leistungsfähiger Traktor mit modernsten landwirtschaftlichen Maschinen überholt. Ländliche Strukturen im Umbruch.

Abseits jeglicher Hauptverkehrsstrecken sind es oft fünfzig Morgenkilometer bis zur ersten überdachten Rastmöglichkeit und wenn diese wie heute verschlossene Türen aufweist, radeln wir statt des bei Sonne geliebten Vespers im Grünen lieber wassertriefend nochmals fünfzig Kilometer weiter in den nächsten größeren Ort mit der Hoffnung auf trockene Unterkunft und heiße Dusche. Die gute Fee sorgte heute wieder für uns, wir sitzen im Trockenen, Pizza im Bauch, Schokolade, Studentenfutter und Erdbeeren obenauf - morgen scheint sicherlich die Sonne?

Hi Sarah,

wir sind noch in Litauen, ziemlich südlich, östlich davon liegt Weißrussland, im Süden ein eher schmaler Korridor nach Polen und daneben die Grenze nach Russland bzw. Kaliningrad. Nahe dieser Grenze sind wir, radelten gestern auch durch einen der wenigen Grenzorte. Eigentlich wollten wir die Grenze sehr gerne passieren, die Enklave durchradeln und erleben, aber null Chance auf ein Visum. So umständliche, strikte Auflagen und noch mehr Beamtenwillkür sind schon befremdlich auf unserm liberalen Kontinent, wenn ich bedenke, dass wir auch nach Vietnam und Kambodscha von unterwegs die Einreise bewerkstelligen konnten - hier keine Chance. Krass, oder?

Nachdem wir jetzt schon wieder lange ohne Pause radel- und kulturmäßig unterwegs sind, wollten wir in Litauen noch an einen See, der gehört zu Russland, aber auf litauischer Seite gibt es einen Campingplatz,

da hätten wir gerne zwei Tage verbracht, um bisschen faul zu sein, biss-
chen Wäsche zu waschen, uns bisschen umzusehen. Wir können es ver-
gessen. Kräftiger Dauerregen seit Tagen, die Prognosen verheißen
nichts anderes und immer mehr Überschwemmungen - nicht gerade das
Ambiente für einen kleinen Stopp. Sehr schade, da hatten wir uns wirk-
lich drauf gefreut. Jetzt radeln wir morgen weiter, sechzig Kilometer bis
zur Grenze nach Polen und dann vielleicht noch mal fünfunddreißig
Kilometer zu einem Ort, wo wir Übernachtungsmöglichkeiten vermuten.
Auch für morgen ist Regen angesagt, dazu geht's gegen den sehr kräfti-
gen Wind... bäh. Umso schöner, wenn man dann eeendlich angekommen
und wieder trocken ist. Wir kennen das mittlerweile und wissen es über-
aus zu schätzen.

Über Polen haben wir jetzt schon manches erfahren und gelesen, ich
glaube, es ist im Norden sehr interessant und schön, Stätten unserer
Geschichte, die Masurische Seenplatte, noch unberührte Natur... toll!
Da lassen wir uns Zeit und freuen uns drauf. Und wenn dem Schiffwet-
ter endlich die Puste ausgeht, finden wir dort bestimmt ein wunderschö-
nes Plätzchen für ein bisschen Zelturlaub. Juchu!
Wir drücken dich!

9. Juli: Lieber Nachbar Russland

Dass es früh los geht, egal was für Wetter, war klar, aber dass Sonne
uns weckte, die perfekte Überraschung. Schnell schmissen wir den während der Regenphase gefassten Plan, direkt nach Polen zu radeln, um
und machten uns auf den Weg an den russischen See, den wir vorher
schon hoffnungsfroh angepeilt hatten. Wieder hatten wir mit viel Wind
zu kämpfen, was uns das Radeln zwar erschwerte, aber trotzdem er-
staunlicherweise als das kleinere Übel erschien, als ob wir mit Petrus
einen Deal abgeschlossen hätten – Wind statt Regen.
Nur wenige Meter trennen uns von der russischen Grenze zur Enklave

Kaliningrad, wir können hinüber schauen in ein Gebiet, das wir gerne kennengelernt hätten. Sie öffnen uns ihre Tore nicht, schade. Das neu geltende, so genannte Einreisevereinfachungsverfahren führt absurder Weise dazu, dass Expressvisa nicht mehr ausgestellt werden und wir als Deutsche nur in Berlin und mit langer Wartezeit die Berechtigung erlangen können, zusätzlich muss genau dokumentiert sein, wo und wann Übernachtungen und die Ausreise stattfinden werden. Nichts für uns, wir müssen es lassen, aufgeschoben ist nicht aufgehoben.

10.Juli: Am Ende der Welt

In Neuseeland könnte man das Ende der Welt aus deutscher Perspektive vermuten, dort ist es aber gewiss nicht zu finden, eher hier auf unserem europäischen Kontinent, an einem zu Russland gehörenden See, an den das litauische Staatsgebiet direkt angrenzt. Das schon seit Kilometern einsame Sträßchen zu diesem fern jeglicher Siedlung liegenden Ort endet abrupt im Wald, wenige Meter vor unserem am Ufer stehenden Zelt patrouillieren russische Boote. Eine ruhige Naturidylle! Wie weit darf man hier hinaus schwimmen? Dieser Frage aktiv nachzugehen reizt schon, doch das schlammtrübe Hochwasser und die herbstlich kühle Witterung bei wieder anhaltendem Dauerregen nach einem kurzen Sonnenintermezzo, das uns verlockt hatte, an diesen einsamen Ort zu radeln, laden wenig dazu ein.

Obwohl in diesem Dreiländereck auch nur wenige Kilometer von polnischem Staatsgebiet entfernt, heißt es für uns morgen erst einmal im großen Bogen viele Kilometer zu radeln um zum nächsten der beiden einzigen Grenzübergänge zu gelangen. Vielleicht hat der Wettergott ein Einsehen und macht endlich Schluss damit, seine unerschöpflich scheinende Gießkanne zu entleeren? Irgendwann muss das Wasser da oben doch zu Ende gehen...

16. Juli: Wann wird's wieder richtig Sommer?

Endlich wird die Frage dieses Gassenhauers wundervoll sonnig und heiß beantwortet: Jetzt! Tschüss Fleecejacke, hallo Sonnentop, welche Freude! Nicht das einzige Erlebnis, das Polen bereithält. Es bedeutet einen beträchtlichen Unterschied, ob man Geschichtsbücher durchblättert oder der deutschen Vergangenheit aktiv nachspüren kann. Zwar theoretisch wissend, wie weit sich Deutschland ehemals erstreckt hatte, wird es zum unmittelbaren Erlebnis, zweitausend Radkilometer von Zuhause entfernt die Dimensionen direkt unter den Rädern zu fühlen. Schon die Festung Boyen, eine massive Anlage bei Gizycko (Lötzen), verdeutlicht die Verteidigungsbestrebungen, während die bis zu acht Meter dicken Mauern des ehemaligen Hitlerhauptquartiers Wolfsschanze deren Ausmaße nochmals in den Schatten zu stellen vermögen und trotz der heißen Sommertemperaturen eine sowohl physisch wie auch psychisch spürbare Eiseskälte ausströmen. Welch ein Kontrast, nur eine Radelstunde später die leicht und beschwingt wirkende barocke Kirche in Swieta Lipka (Heiligenlinde) zu besuchen und einem Orgelkonzert zu lauschen. Neben Kultur und Geschichte genießen wir die ruhige Seenlandschaft der Masuren und staunen über eine von Hand betriebene Drehbrücke, die abwechselnd dem Straßenverkehr das Überqueren der Brücke und den Schiffen das Passieren des Kanals zwischen zwei Seen in Gizycko ermöglicht. Fünf Minuten nimmt die interessante Ein-Mann-Aktion viele Male täglich in Anspruch, ehe die Brücke mit Hilfe einer großen Kurbel mühsam gedreht und mittels eines Schwungrades justiert worden ist. Selbst die Schranken werden von Hand bedient, Stromausfall stellt hier gewiss nie ein Problem dar.

Die polnische Mentalität bietet ebenso Anlass zu staunendem Beobachten. Leere Biwak-Wiesen verwandeln sich im Verlauf des Samstags zu einem Volksfestszenario mit dicht an dicht stehenden Zelten und Bewohnern, deren Hauptanliegen darin zu bestehen scheint, ständig eine

Bierflasche in der Hand zu halten. Als ich heute Morgen schlaftrunken aus dem Zelt stieg, stolperte ich erst über zahlreiche Zeltschnüre, dann über schlafende Menschen, unmittelbar gefolgt von lautstark diskutierenden und Bier trinkenden Wochenend-Campern.

Am Sonntag ist der Spuk vorüber und das eben noch mit dreihundert Biertrinkern geteilte Feld gehört zwei glücklichen Sabbattouris.

19. Juli
Hi Sarah,
einsame Radelstrecken und eine Schifffahrt über das Frische Haff führten uns von der Masurischen Seenplatte auf die Nehrung. Hier an der Ostseeküste erleben wir "Urlaubspolen", was uns nicht übermäßig gefällt, sehr voll, eng, laut, ein Softeis-Halli-Galli mit Menschen, die doch etwas distanzlos wirken, wenn sie sich mit ihren Bierdosen überall durchzwängen und über Zeltschnüre stolpern... nix gegen Bier ... aber das gibt's auch woanders, wir radeln morgen gleich wieder ins Landesinnere.

23. Juli: Und sie bewegt sich doch

Kopernikus machte sich ans Werk, die Bahnen der kreisenden Planeten zu erforschen und wir uns auf den Weg, seine Spuren in Frombork (Frauenburg) am Frischen Haff zu erkunden. Ein Vergnügen, auf einsamen, von Storchennestern gesäumten Landstraßen zu radeln und neugierig die noch zaghaften Startversuche der flügge werdenden Grünschnäbel zu beobachten. Ohne ein Auge abzuwenden und überzeugt, dass ein kräftig Flügel schlagender Jungstorch den Sprung in die Welt in den nächsten Minuten wagen wollte, übersah ich prompt eine breite Bahngleisrinne und schmiss das gepäcklastige Rad auf die Holperpiste. Leider ließ sich der Storch von diesem Auftritt kein bisschen beeindrucken und weder der Jungvogel noch mein Drahtesel wollten sich leichtgewichtig in die Lüfte erheben.

Frombork wartet mit einer mächtigen Burganlage und Basilika auf, hier lebte und arbeitete Kopernikus, hier hatte er seine heute noch interessanten Messgeräte installiert und berechnete vor fünfhundert Jahren mit verblüffender Genauigkeit die Planetenbahnen. Nur schade, dass die Informationstafeln und Exponate des Museums allein in polnischer Sprache beschrieben sind, nicht unbedingt von Vorteil, wenn man ein internationales Publikum ansprechen möchte.

Wenig Faszination übt die jetzt in der Hochsaison sehr touristisch geprägte Ostseeküste Polens auf uns aus. Überfüllte Zeltplätze, ein Tumult am gesamten Küstenstreifen, der sich mit Würstchenbuden, Zapfanlagen, Bernsteinhändlern und dem Lärm durstiger Menschenmassen lautstark seine Bahn verschafft. Den Urlaub feiernden Polen scheint dieses Szenario prächtig zu gefallen, unsere Welt ist es nicht.

Entlang der schmalen Nehrung ist es beinahe nur einen Katzensprung nach Danzig, eine Stadt, die man ohne Übertreibung als wahres Kleinod bezeichnen kann. Ein stilvoll restauriertes Gebäude reiht sich an das andere. Zeughaus, Marienkirche, Rathaus oder Artushof mit Neptunbrunnen lassen die schrecklichen Zerstörungen des Zweiten Weltkrieges beinahe vergessen, wie auch die alten Gassen einladen, in ihren ursprünglichen Charme einzutauchen. Eine Stadt zum Schlendern und Genießen, Eis schlecken und Postkarten kaufen.

26. Juli,
Hughito mag schripseln, liebe Sarah.
Heute Morgen weckte uns wider aller Prognosen die Sonne, genial!
Ganz eilig zogen wir los, radelten feste und konnten sogar draußen
vespern. Jetzt sitzen wir auch draußen, wenn uns auch die Schnaken
bald fressen; sicher wird's gleich besser, wenn es ganz dunkel ist. Un-
ser Zelt haben wir am Rande eines einsamen und idyllisch liegenden

Sees aufgestellt, der aber leider schmierig grün zum Baden nicht ein-
lädt. Als ich vorhin behauptete, uns fehlt's an nichts, meinte Harry la-
konisch, ihm fehle mal wieder eine ordentliche Toilette. Da muss er sich
eben noch ein bisschen gedulden - bald wird es dunkel, dann hat's viele.
Wir genießen es. Viel Platz, Ruhe, Grillen zirpen, und ein bisschen Was-
ser haben wir auch noch in unserer sparsamen Fünfliter-Buttel, Zähne-
putzen und Kaffe sind noch drin. Vorhin haben wir wieder Kartoffeln
gekocht, ein Essen, bei dem wir uns immer sofort einig sind, und immer
lecker!

So weit, wie wir jetzt schon sind, werden wir am Wochenende die Gren-
ze nach Deutschland überradeln, Polen geht einfach zu Ende. Vor fast
einem Jahr bin ich ganz gerührt rausgeradelt und hab mir vorzustellen
versucht, wann und wie wir zurückkommen werden. Komisch – es ist
soweit. Zunächst freuen wir uns und sind neugierig auf Deutschlands
Osten. Allerdings werden uns die deutschen Preise vermutlich entsetzen.
Hier gehen wir Essen oder Einkaufen und bezahlen acht bis zehn Euro
für alles zusammen. Bekommt man dafür im Rössle in Seedorf ein einzi-
ges Schnitzel?

Seit einigen Tagen setzen wir uns schon ein bisschen mit dem Heim-
kommen auseinander, erhalten auch viel liebe Post mit „Bis-bald"-
Hinweisen und freuen uns auf vieles. Ich freu mich darauf, direkten
Anteil an deinen wissenschaftlichen Arbeiten zu nehmen, meinen Senf
dazu zu geben und den eigenen Horizont zu erweitern. Ich freu mich
aufs Heimkommen, aufs Wiedersehen. Freu ich mich aufs Daheimblei-
ben? Hmmm… . Ich denke, ich werde schleunigst ein neues Sabbatjahr
beantragen.

28. Juli: Hallo Nachbar

Polen, geografisch nah und doch so weit entfernt. Ein Land, das uns
äußerst unterschiedliche Gesichter präsentierte. Beginnend mit Suwalki,

einer lebendigen Stadt, die uns nach den vielen einsamen Tagen durch Litauens Hinterland zeigte, dass wir ein bisschen Trubel durchaus zu schätzen wissen. Weiter in die Masuren, idyllische Seen, wohin das Auge blickt, dazwischen dunkle, ruhige Wälder - eine Gegend, die zum Verweilen und Genießen einlädt. Daneben das Eintauchen in die Spuren der deutschen Geschichte, die in Ostpreußen nicht zu übersehen sind und tiefen Eindruck hinterlassen. Obwohl jede Stadt mit einem schönen Schlösschen oder einer Burg aufwarten kann, werden diese im Vergleich zur imposanten Marienburg (Marbork) beinahe in den Schatten gestellt, eine so mächtige Burganlage in prächtig vollendeter Backsteingotik zeigt sich hier. Gerne mag man in Anbetracht dieses trutzigen Bauwerks nachvollziehen, dass die Kreuzritter sich unbesiegbar fühlten. Die Geschichte lehrt uns eines Besseren.

Ein Schlenker nach Norden zeigte uns erst die menschengedrängten Urlaubsbastionen Polens und anschließend Danzig, eine Stadt, die einem großen quirligen Museum gleicht und die Reise jederzeit lohnte. Kurs Südwest heißt unser Weg seither, obwohl der Wind ganz anderes im Schilde führt und mitunter mächtig auftrumpft. Wir radelten durch Dörfer, in denen die Zeit still zu stehen scheint. Entlang der gepflasterten, holperigen Durchgangsstraße stehen Bauernhäuser im Grünen, Gänse watscheln über die Straße, zu den Anwesen in zweiter Reihe führen Feldwege. Jeder noch so kleine Ort schmückt sich mit einer stattlichen Kirche. Das Gesicht der Städte zeigt, ob der Geldhahn geöffnet ist oder Mangel herrscht, hier stilvolle Fassaden, dort bröckelnde Wände im tristen Trabantengrau. In Chosnice stießen wir auf ein so nettes polnisches Kleinstädtchen, dass wir spontan die Radbremse anzogen und einen Tag verweilten, Ruhe einkehren ließen und uns sogar über die dichten Regentropfen dieses Tages freuen konnten. Jetzt, vier Radeltage später, stoßen wir an eine Grenze. Die letzte Staatsgrenze unserer Tour. Tschüss, ihr lieben Nachbarn alle!

29. Juli: „Nimmst du mich vielleicht mal in den Arm?"

„Halt, Stop", rief ich Harry hinterher, als wir uns im Regen an Auto-schlangen vorbei der Grenzstation näherten. Kein Gehör. „Ich will ein Foto machen", schrie ich noch lauter, der Apparat steckte in Harrys Tasche. Je näher wir der Grenze kamen, desto mehr übermannten mich die Gefühle. Der letzte Grenzübertritt. Harry dagegen zeigte brummen-des Unverständnis. „Was willst du eine Autoschlange fotografieren? Außerdem wird alles nass." Nur mit Mühe gelang es mir, ihn zur Her-ausgabe des Fotoapparates zu überreden, worüber wir beinahe in Streit gerieten, was sonst beinahe nie vorgekommen war. Ein Gefühl unbe-stimmter Traurigkeit machte sich breit. Kein Weiterziehen mehr. Keine brennende Neugier auf Unbekanntes.

Weiter entlang der Autoschlange vernebelte sich mein Blick, schuld war nicht der Regen. Schluchzend rollte ich am Grenzbeamten vorbei auf deutschen Boden und stellte mein Rad an der nächsten Ecke ab. Harry wirkte beinahe verärgert. „Was ist denn jetzt schon wieder?" „Nimmst du mich vielleicht mal in den Arm?" Er tat es. Endlich konnten wir un-sere Gefühle teilen.

30. Juli: Man spricht deutsch

und wir verstehen es noch. So spannend, wie in ein fremdes Land einzu-reisen, war es jetzt nach Deutschland zu radeln. Es wirkt vertraut. Der Grenzbeamte sagt "In Ordnung, tschüss" und ich brauch ihn nicht zu fragen, wie "Danke" in seiner Sprache heißt. Wir lesen Werbetafeln, Informationsschilder und greifen gierig nach der Zeitung von gestern. Leider verstehen wir bei deren Lektüre auch die Wetterprognose.

Der sogenannte Kulturschock, der uns bei der Rückkehr nach Europa ziemlich überrollt hatte, scheint seine Kräfte bereits verspielt zu haben. Wir treffen auf nette, offene Menschen und fühlen uns willkommen. Der erste Kontakt führte gleich dazu, dass wir eine private Waschma-

schine benutzen konnten, nach sieben Wochen Handwäsche eine Freude, und ein Glas frisch eingekochtes Apfelkompott in unsere Radtaschen gesteckt wurde. Erst im Oderbruch und jetzt im Schlaubetal unterwegs, entdecken wir trotz des dunkelgrauen Wetters grüne, vielfältige
Kulturlandschaften. Wenn daneben auch manche Städte in einigen
Winkeln noch den Atem trister Plattenbau-Atmosphäre ausströmen -
man kann sich wohlfühlen in diesem Deutschland.

2. August: Schnurstracks übern Äquator
Oft schon hieß die Frage, auf welche Genussmittel wir uns am meisten
freuen? Laugenbrezeln lautet seit Monaten die klare Antwort. Kaum in
Sachsen, bei einem hungrigen Einkauf fürs abendliche Vesper im halb
fasziniert, halb distanziert durchmarschierten Neukaufmarkt, lockten in
der vorgelagerten Bäckerei zwei feine Laugenwecken - nur mit dem
schwäbischen Ausdruck lassen sich diese beiden Prachtkerle benennen.
Mit hungrigem Bauch sollte man nicht einkaufen, wir leisteten spontane
Vorsorge und vor dem ersten gut bestückten Supermarktregal waren sie
schon vertilgt. Welch ein Genuss! Der Einkaufskorb füllte sich trotzdem
noch reichlich genug.
Seither plagen uns keinerlei Mangelerscheinungen, was bayerische Spezialitäten betrifft. Die Weißwurst gibt's an jeder Ecke, weniger original,
aber für uns passend auch noch nach der Mittagszeit, und für den kleinen Zwischenimbiss findet sich jederzeit eine ofenfrische Brezel. Es
schmeckt. Der Weißwurstäquator liegt weiter nördlich als erwartet und
scheint überschritten.

5. August: Neue Länder
Die Lausitz, wir kannten den Namen, nicht aber die vielfältige Seenlandschaft, die sich dahinter verbirgt. Gänzlich fremd war uns die sorbi-
sche Kultur, die in dieser zweisprachigen Region gepflegt wird. Die

Stadt Hoyerswerda verknüpften wir höchstens mit früheren, wenig schönen Ausschreitungen. Was entdeckt man hinter den bekannten Worthülsen? Faszinierende Regionen, Spuren bekannter Dichter und hilfsbereite Freundlichkeit an jeder Straßenecke.

Mit beinahe fünfzig Stundenkilometern rauschten wir nach Dresden hinunter. Ein toller Zeltplatz erwartete uns hier, wir genossen die perfekte Busverbindung in die Innenstadt und begannen Dresden zu entdecken. Wir stiegen auf den Turm der Frauenkirche, saßen später in einer Kirchenbank und guckten einfach nur rundum. In der Weißen Gasse ersetzten wir das obligatorische Kochen spontan mit Essen gehen.

Ein sukzessives Nachhausekommen prägt das Ende unserer Tour. Waren es in Polen die historischen Pfeiler, sind es jetzt Sprache und Lebenskultur, die uns vertraut und doch fremd genug sind, mit neugieriger Freude allmählich heim zu radeln. Brandenburg und Sachsen, Regionen, die einen Besuch lohnen. Neue Länder, neue künftige Reisen.

11. August: Franken und Gedanken

Ohne es zu bemerken, überradelten wir auch geografisch den Weißwurstäquator. Die Bayern scheinen es vergessen zu haben, an der Grenze bei Hof ihr berühmtes Freistaatsschild aufzustellen. Auch die verlockenden Biergärten ließen zunächst noch auf sich warten, was wir nach drei Stunden Berg- und Talradeln mit Bedauern registrierten, aber wenig später in Selbitz wurden wir aller Mühen belohnt und jegliche Zweifel an der bayrischen Mentalität mit fränkischer Herzlichkeit, Stammtischgeplänkel und hausgemachten Schmankerln ausgeräumt.

Wir nähern uns spürbar der Heimat. Eine Heimat im Schlaraffenland. Frischwasser aus jedem der zahlreichen Leitungshähne, das höchste Gut allen Lebens fungiert als selbstverständliche Belanglosigkeit, ein Privileg! Vor nicht allzu langer Zeit war es noch eine Freude, überhaupt frisches Brot, Käse oder Gemüse zu ergattern, jetzt locken in jedem kleinsten Örtchen an die zwanzig verschiedene Gebäckwaren neben Frischmarktregalen mit Spezialitäten aus aller Herren Länder, die keinerlei Wünsche offen lassen. Wir staunen und finden Früchte, die jetzt keine Saison haben und beißen in Bananen, die nicht nach Bananen schmecken. Ein Luxus, hier zu reisen oder gar zu wohnen, ein Luxus, den wir durchaus zu genießen wissen, ein Luxus, der aber auch seine Fragen aufwirft.

15. August: Die letzten Meter

Wieder im Schwabenländle und in vertrauten Gefilden unterwegs, saugen Augen und Ohren weniger gierig und lassen den vielen Gedanken Platz. Gedanken, denen keine Grenzen gesetzt sind, die von Kontinent zu Kontinent, von Land zu Land, von Wegkreuzung zu Häuserecke hüpfen und so gerne bei lieb gewordenen Gesichtern und markanten Stationen verweilen. Sie wandern vom Schwarzen Meer über Sizilien nach Lettland, von Patagonien nach Vietnam, vom Eis der Gletscherriesen zur Mystik der Osterinsel.

Freuen wir uns nach Hause zu kommen? Ja. Wir freuen uns auf Familie, Freunde, liebe Wegbegleiter in Gedanken und Grüßen, auf unser Wiedersehen, darauf, unsere Lieben zu drücken. Wir freuen uns aufs Klavier spielen, diverse CDs dröhnen zu lassen, aufs Brot backen und Nudelteig wälzen, aufs Laufen in den lieb vertrauten Gassen und aufs grüne Hopfenzimmer im Garten. Zu Hause zu bleiben setzt aber einige Fragezeichen. Gibt es einen Weg, bürgerlichen Alltag und neugierige Weltanschauung zu verbinden? Wir werden ihn suchen.

Der Kreis um unsere prächtige Erdkugel schließt sich, die Sabbattour endet mit unserem Motto, frei nach Rahel Varnhagen formuliert:

Was wir in diesem Jahr gemacht haben?

Nichts.

Wir ließen das Leben auf uns regnen.

Pleiten, Pech und Pannen

Leicht missglückte Situationen, die man meist mit herzhaftem Schmunzeln, mitunter aber auch leicht genervt genießt, sie blieben uns nicht fremd. Wo anfangen, wo aufhören? Die Palette ist groß und bunt. Beginnend in Bulgarien, leer an Vorräten erkundigten wir in uns in einsamer Gegend nach etwas Essbarem, was mit eifrigem Nicken quittiert wurde. Wenn uns nach langem Warten nicht irgendwann eingefallen wäre, dass in diesem Lande Nicken nein und Kopfschütteln ja bedeutet, säßen wir ziemlich dürr wohl jetzt noch dort. Die Reisegruppe, der wir uns auf der Fahrt nach Istanbul angeschlossen hatten. Deren Reiseleiter fragte, ob er recht gehe in der Annahme, dass alle mit dem Flugzeug eingereist seien oder ob irgendjemand mit dem Auto gekommen sei? Nun, weder noch, ich meldete mich zaghaft von hinten und erklärte über die vielen Köpfe hinweg, nee, mit dem Fahrrad. Schallendes Gelächter. Unsere absurde Idee, aus dem Radgepäck einen bequemen Großraumrucksack basteln zu wollen. Die ersten Kilometer zu Fuß mit dem hecklastigen Monstrum auf dem Rücken gruben die Naivität unsres Tuns striementief in die Schultern ein.

Ein weiter Sprung nach Santiago de Chile. Nachdem mein Rucksack in Madrid hängen blieb, versuchte ich Harry's Klamotten auszufüllen, kein Problem im Vergleich zur Entbehrung der Zahnbürste. Eine solche meint man jederzeit kaufen zu können, doch ohne eine gültige Münze in der Tasche befanden wir uns im Kloster, weit von der Stadt oder einem Geldautomaten entfernt. Die einzig mögliche Anbindung per Bus blieb uns in Ermangelung der nötigen Peseten wiederum versperrt. Im Kloster gibt's kein Geld, ohne Geld keine Stadt, ohne Stadt kein Geld und auch keine Zahnbürste. Die Katze biss sich in den Schwanz. Der liebe Pater Angelus wusste schließlich Rat, er habe mal etwas aufbewahrt und zog stolz ein zwar gepflegtes, aber doch sichtbar abgenutztes Putzinstrument aus seiner Kutte. Wie herzlich er mir die wilden Borsten überreichte!

Lieb und wertvoll ist uns die Erinnerung an Pater Angelus und die besinnlichen Tage im Monasterio.

Der nächste Sprung führt nach Asien, Kambodscha, zu den Tagen im Schlamm. Auf der verzweifelten Suche nach einem akzeptablen Toilettenplätzchen schien ich das tiefste Schlammloch im weiten Umkreis gefunden zu haben. Nicht nur, dass ich bis zum Knie eintauchte, mein Schuh blieb stecken und konnte nur mit mutigem Einsatz im schmierigen Dreck, der bis über die Ellbogen reichte, ausgegraben werde. Peinlich, wenn man bei solch misslungener Aktion auch noch zahlreiche Zuschauer hat, aber immerhin wurde mancher Frust der im Schlamm Gefangenen kurzfristig von einem Grinsen überdeckt.

Sprung zurück nach Europa. Den Kulturschock gibt es tatsächlich, wir eckten an, kamen plötzlich mit Menschen, Kontrollen und Verkehrsnetzen nicht mehr zurecht, stiegen in Rom in den falschen Zug und meinten in Palermo einen Bus auf freier Strecke mit einem Fingerzeig anhalten zu können, natürlich ein erfolgloses Unterfangen, zudem marschierten wir in die falsche Richtung. Das Feilschen und Verhandeln mit asiatischen Mopedtaxis schien uns plötzlich viel einfacher als das europäische Verkehrssystem zu nutzen.

Frau Guck in die Luft und die Bahnschienen. Obwohl das Rad schon einmal wegen nicht beachteter Bahngleise auf die Piste knallte, begeisterte mich die Stadtkulisse Zwickaus so sehr, dass ich die Straßenbahnschienen schlicht übersah, mein Drahtesel fand die Rinne aber mit treffsicherem Spürsinn und schmiss uns auf die Gleise. Die Schrammen an Knie und Ellbogen erinnern an wilde Kindheitstage. Ähnliche Spuren zeigten meine Stirn, als ich in Patagonien mit Riesenbaby Purzelbaum übte. Unsere Radtour auf der Autobahn, auf Polizeigeheiß auch noch in Gegenrichtung. Das stundenlange mühsame Aufhebeln des eigenen Fahrradschlosses.

Die Palette scheint unendlich. Missglückte Situationen und dennoch, oder gerade deswegen, schöne Erinnerungen. Blessuren heilen, Schlamm lässt sich abwaschen, Fettnäpfchengefühle verblassen. Das Schmunzeln aber bleibt.

18. August: Gänsehaut und feuchte Augen

Welch ein Nachhausekommen! Je mehr wir uns Seedorf näherten, je vertrauter jede Wegbiegung und jeder Winkel schien, desto enger wurde es im Hals. Auf der Anhöhe vor unserem Heimatort meinten wir aus der Ferne eine Wandergruppe ausmachen zu können, die sich eben für ein großes Picknick zu rüsten schien. Der Kloß wuchs ins Unermessliche, als die Gestalten der vermeintlichen Wandersleute genauere Konturen annahmen. Liebe, vertraute Gesichter, Sarah und Sebi, unsere Eltern, Geschwister und Freunde, sie alle erwarteten uns, welch ein herzlicher Empfang! Ein überwältigendes Gefühl, dieser Gruppe entgegen zu radeln. Es gelang uns beinahe nicht, die Räder abzustellen, so viele liebe Menschen galt es zu begrüßen und zu umarmen. Mit Schampus und Häppchen, Erzählen und Fragen flog der Nachmittag am Windrad nur so dahin. Die Stelle wird immer ein ganz besonderer Ort für uns bleiben.

Jetzt hausen wir wieder in festen Wänden und rätseln ein bisschen, wozu wir die vielen Zimmer brauchen. Der Kleiderschrank öffnet seinen Schlund, ich starre minutenlang regungslos hinein, lasse den Blick über die vielen Pullover und Hosen wandern und greife anschließend zu einem T-Shirt aus dem Radgepäck. Langsam tasten wir uns in den Alltag. Wir beginnen unsere Taschen auszuräumen und jedes Utensil weiß eine Geschichte zu erzählen. Ob heiter oder ernst, wir wollten keine missen. Neugierig steckten wir die Nase in die Welt, reich an Erlebnissen, Erfahrungen und Freundschaften kehren wir zurück. Danke. Die Sabbattour liegt hinter uns, die Eindrücke bleiben gegenwärtig, das Leben regnet weiter.